읽자마자 문해력 천재가 되는

우리말
어휘 사전

박혜경 지음

보누스

"요즘, 단어가 너무 어렵다고요?!"

개발일까, 계발일까?   무수하다일까, 무한하다일까?

하릴없다는 무엇이고, 대중없다는 무엇일까?

책을 읽거나 뉴스를 들었을 때 헷갈리거나 모르는 단어가 너무 많아 당황스러웠던 경험이 다들 있을 겁니다. 그렇다고 일일이 단어를 찾아보려니 시간은 부족하고, 대충 짐작으로 넘어갔다가 큰 오해를 살 뻔한 적도 있었을 거예요.

사실 우리는 누구나 세상의 모든 단어가 궁금하고 알고 싶던 호기심 많은 어린아이였습니다. 부모님의 손을 잡고 거리를 걷다가 간판을 보고는 "만두, 찐빵!", "태·권·도·학·원!"이라고 글자를 또박또박 읽으며 "이건 무슨 뜻이야?", "저건 어떻게 읽는 거야?" 하며 '폭풍질문'으로 엄마 아빠를 곤란하게 한 적도 분명 있었겠지요.

하지만 더 나이가 들어버린 지금은 어떤가요? 아는 말, 쓰던 말만 쓰고, 새롭거나 생소한 단어를 접하면 이상한 말이라며 무시하거나 오히려 짜증부터 내지는 않았나요? 한 번쯤 그때 그 시절의 마음으로 되돌아가서, 잘 몰랐던 어휘의 깊은 의미를 찬찬히 익히다 보면 새로운 짜릿함과 즐거움을 맛볼 수 있을 겁니다.

어휘란 일정한 범위 안에서 쓰이는 단어들의 집합이자 언어 학습에 가장 근본적인 단위로 인간 사회 전체에서 매우 중요한 역할을 합니다. 사람은 단어를 중심으로 언어를 학습하고, 이 개별적인 단어를 연결해야 자신만의 생각을 창조적으로 표현할 수 있으니까요. 언어는 인간의 사유를 이끌어 가는 수단이기 때문에 어휘량이 많은 사람은 그만큼 더 풍부하고 깊이 있는 사유를 할 수 있고, 세상을 다양한 시각으로 바라볼 수 있는 안목도 갖추게 됩니다.

요즘 많이 거론되는 문해력도 결국 어휘력과 밀접한 관련이 있습니다. 어휘력과 문해력은 국어 이외에도 모든 교과 학습의 토대가 되므로 가장 기본적으로 갖춰야 할 능력이라고 할 수 있지요. 어휘력이 늘면 문장을 읽고 이해하는 능력인 문해력도 곧바로 좋아집니다. 단 한 단어만으로 분명한 태도를 담을 수 있는 능력이 생기고, 단어 하나를 단서로 글 전체에 담긴 주제를 단번에 파악할 수 있기 때문입니다. 맛있는 김치가 있어야 맛있는 김치찌개가 나오듯이, 어휘를 제대로 알아야 비로소 글을 제대로 이해할 수 있는 법입니다.

이 책은 단순히 주제에 해당하는 어휘뿐만 아니라 그 어휘의 동음이의어, 유의어, 반의어는 물론 문법적 특징과 주로 쓰이는 맥락까지 국어를 향한 여러분의 호기심이 한껏 넓어지도록 구성했습니다. 동시에 한 줄 요약, 읽을거리, 친절한 주석 등으로 스펀지가 물을 빨아들이듯 자연스럽게 국어 공부를 할 수 있게끔 노력했습니다. 쉽고 흥미롭게 우리말 어휘의 다양한 매력에 흠뻑 빠져보시길 바랍니다.

차례

문해력 높이기
이해하면 쉽고 유용한 우리말 단어들

3장 문해력 완성하기
맥락과 분위기를 알려주는 어휘들

1장

문해력
첫걸음

헷갈리는 어휘
제대로 구분하기

연달아 이기거나
연달아 지거나

·············

연패하다

여러분은 혹시 좋아하는 스포츠가 있나요? 경기가 있는 날이면 생중계를 보거나 스포츠 뉴스로 그 결과를 관심 있게 지켜볼 텐데요. 스포츠 중계나 뉴스 보도를 시청할 때 연패라는 단어를 자주 들어보셨을 겁니다. 예를 들면 다음과 같이요.

무너진 선발 투수, 팀은 연패에 … '빛바랜 홈런 3방'

남자축구·야구 오늘 결승전 … 일본·대만 꺾고 연패 노린다

● 표제表題
책, 연설, 연극, 신문 기사 등의 제목을 말합니다. 또는 여러 항목 중 한 항목을 찾기 편리 하도록 표시한 것을 의미하지요. 옛날에는 신하가 임금에게 올리는 글의 제목을 표제라고 불렀답니다.

이 두 표제에 쓰인 '연패'라는 단어는 같은 의미일까요? 그동안 당연하게 듣고 넘겨왔던 연패라는 단어가 갑자기 낯설게 느껴질 수도 있을 거예요. '3연패'는 세 번 연속 진 걸까요, 세 번 연속 이긴 걸까요?

✎ 연패(連敗)하다[1] : 싸움이나 경기에서 잇달아 패하다.

㉾ 우리 팀은 3연패의 늪에 빠졌다.

✎ 연패(連霸)하다[2] : 운동 경기 따위에서 연달아 우승하다. 계속하여 패권

을 잡다.

㉾ 우리 팀은 3연패의 대기록을 세웠다.

여기서 의미의 분수령*이 되는 것은 한자 패敗와 패霸입니다. 두 한자는 음은 같지만 뜻이 서로 다르거든요.

'패할 패(敗)'가 쓰인 단어	'으뜸 패(霸)'가 쓰인 단어
패배하다	패권
패색이 짙다	패왕
실패	제패
참패	패기

먼저 한자 패敗는 '무너지다', '부서지다'와 같은 부정적 뜻을 지녀서 '어떤 일에 실패하거나 싸움 또는 승부를 가리는 경기 등에서 짐'을 의미합니다. 그래서 앞의 표제에 홈런을 3번이나 쳤는데도 무너진 선발 투수로 인해 연달아 패한 팀에게 연패라는 단어를 쓸 수 있는 것입니다. 우리가 일반적으로 한 번 이기고 한 번 지면 1승 1패라고 표현하잖아요.

● 분수령分水嶺

나눌 분分에 물 수水, 고개 령嶺을 써서 '물줄기를 나누는 고개나 산맥'이라는 뜻으로 쓰였습니다. 이 뜻이 확장되어 '일이 전혀 다른 단계로 넘어가는 전환점'을 의미하게 되었지요. 비슷한 뜻으로 흔히 '터닝 포인트'라는 말을 쓰기도 해요.

그때 '패'가 '패배하다'의 의미입니다.

그런데 또 다른 한자 패霸는 완전히 다른 '으뜸'이라는 뜻을 지니고 있습니다. 따라서 '어떤 분야에서 우두머리나 으뜸의 자리를 차지하여 누리는 권리와 힘'이라는 긍정적 의미를 가진 한자로 쓰입니다. 이런 뜻을 지닌 덕분에 남자 축구와 야구 국가대표팀이 아시안게임에서 두 대회 연속 우승을 노릴 때도 저렇게 표현할 수 있는 것이지요.

그래서 앞뒤 맥락 없이 '3연패'라는 표현만 보았을 때는 세 번 연속 졌다는 의미인지 세 번 연속 이겼다는 의미인지 속단할 수가 없습니다. 그럼 이런 혼동을 피하기 위해 3번 연속 이긴 것을 '3연승'이라고 표현하면 어떨까요? 하지만 연승의 경우에는 한 대회 또는 시즌 안에 있는 경기를 연속으로 이긴다는 뜻이고, 연패는 대회나 시즌 자체를 연속해서 우승한다는 것을 표현하고 있습니다. 간단히 말하면 경기를 계속 이기는 것이 연승, 우승을 계속 차지하는 것이 연패인 것이지요. 따라서 '3연패'라는 표현을 '3연승'이 온전히 대체하기는 어렵습니다.

이처럼 헷갈릴 수 있음에도 불구하고 상반된 두 연패가 계속 쓰이는 이유는 의미를 구분하는 방법이 비교적 명확해서 혼동할 일이 매우 적기 때문입니다. 바로 단어가 놓이는 상황과 문맥을 통해 파악해 볼 수 있지요. 예컨대 연패가 '연달아 패함'의 의미일 때에는 다음과 같이 부정적 맥락이 형성되는 단어 '빠지다', '벗어나다', '탈출하다' 등과 함께 쓰입니다.

3연패의 늪(수렁)에 빠지다.

3연패에서 벗어나지 못하다.

반면, '연달아 우승함'의 의미일 때에는 '달성하다', '도전하다', '성공하다' 등과 같은 긍정적 맥락을 형성하는 단어들과 함께 쓰입니다.

3연패를 달성하다.

3연패에 도전하다.

이제 좀 쉽게 와닿지 않나요? 부정적인 의미의 연패連敗와 긍정적인 의미의 연패連霸를 구분하는 과정에서 우리말의 미묘한 맥락 차이가 점점 눈에 띌 거예요.

문해력이 쑥쑥, 한 줄 요약

연달아 지면 연패連敗이고 연달아 우승하면 연패連霸입니다.
문맥에 따라 잘 구분합시다.

패(敗)와 패(霸)처럼 소리는 같은데 뜻은 정반대인 한자

물건을 사고파는 것을 '매매하다'라고 합니다. 이때 매매(買賣)도 소리는 같은데 뜻은 정반대인 두 한자가 결합한 말입니다. 두 눈 크게 뜨고 잘 보면 '사다'라는 의미의 한자에는 위에 사(士)가 없고, '팔다'라는 의미의 한자에는 사(士)가 있어요. 머리에 물건이 없으면 사는 것이고, 머리에 물건이 있으면 파는 것, 이렇게 기억하면 좋겠죠?

📐 매(買): 사다
🔲 매입(買入): 물건 따위를 사들임. = 구매(購買)

📐 매(賣): 팔다
🔲 매도(賣渡): 물건 따위를 팔아넘김. = 판매(販賣)

나를 그런 식으로
매도하지 마!

....

매도하다

우리말은 한글, 한자, 외래어가 섞여 다양한 언어 표현을 구성합니다. 그래서 동음이의어가 상당히 많지요. 동음이의어란 글자의 음(소리)은 같으나 뜻이 다른 낱말을 가리킵니다. 하늘에서 내리는 눈과 신체 부위인 눈, 곤충인 벌과 잘못해서 받는 벌 등이 있습니다. 이들은 우연히 소리만 같을 뿐 서로 어떠한 어원적 연관성도 없습니다.

이러한 동음이의어는 소리나 표기로 구분할 수 없으므로 맥락에 따라 구분해야 하는데, 소통에 오해가 발생할 수 있어 주의해야 합니다. '매도하다' 역시 동음이의어로, 단어를 구성하는 한자가 다르고 뜻도 다릅니다. 하지만 미묘하게 비슷한 맥락에서 사용되는 경우가 많아 뜻이 헷갈리기 쉬운 단어이지요. 내용을 설명하기 전에 문제를 먼저 내볼게요.

"나를 그런 식으로 매도하지 말았으면 해."

이 문장을 읽었을 때 '매도하다'는 어떤 뜻으로 해석이 되시나요? 매도의 대표적인 뜻은 다음 두 가지가 있습니다.

🖉 **매도(罵倒)하다[1]** : 심하게 욕하며 나무라다.
📝 부정부패 공무원으로 그를 매도하지 말자.
🖉 **매도(賣渡)하다[2]** : 물건을 팔아넘기다.
📝 아파트를 싼 값에 매도했다.

먼저 첫 번째 '매도罵倒하다'는 '욕하다'라는 의미의 매罵와 '넘어지다'라는 의미의 도倒로 이루어진 한자로 누군가를 심하게 비난하며 몰아세운다는 뜻입니다. 한자 그대로의 의미를 살려 표현하면 '심하게 욕해서 (대상에 대한 평가를 부정적 방향으로) 넘겨 버리는 것'이지요.

'매도罵倒하다'를 둘러싼 단어의 의미 맥락

그런데 이 단어를 이해할 때는 조금 더 주의가 필요합니다. 주로

사용되는 맥락을 보면 '당사자의 실상은 그렇지 않은데 억울함이 있다고 평가될 때' 쓰는 경우가 많기 때문입니다. 예를 들면 다음과 같이요.

(친일파가 아닌데) 친일파로 매도하다

(부실 공사가 아닌데) 부실 공사로 매도하다

(악덕 기업이 아닌데) 악덕 기업으로 매도하다

잘 읽어보면 문장 속에 '사실이 아닌 것으로 욕을 먹는다'라는 맥락이 숨어 있다는 것을 알 수 있습니다. 그래서 진짜 명명백백*한 잘못을 한 대상에게는 '매도하다'라는 단어를 잘 쓰지 않습니다.

● **명명백백明明白白**
밝을 명明에 흰 백白이니 밝고 깨끗하고 희다, 즉 '의심할 바 없이 아주 뚜렷하다'라는 뜻입니다. '명명백백'은 '밝디 밝고 희디 희다'이니 더욱 뚜렷하다는 의미로 받아들이면 되겠지요?

두 번째 '매도賣渡하다'는 '팔다'라는 의미의 매賣와 '건너다'라는 의미의 도渡로 이루어져 있습니다. 말 그대로 무언가를 팔아서 누군가에게 그것에 대한 소유권을 넘긴다는 의미예요.

다만 이 역시 아무 물건이나 판다고 해서 매도한다고 표현하지는 않습니다. 부동산이나 주식처럼 사고파는 행위를 통해 명의나 권리 등의 변화가 생기는 경제학 분야에서 주로 사용되는 단어라는 점이 특징입니다. 예를 들어 자전거, 에어컨 등을 팔 때는 소유권이 달라지긴 하지만 명의가 따로 있는 물건들이 아니다 보니 다음 문장처럼 표현하면 매우 어색하게 느껴지지요.

자전거를 매도하다(?)

에어컨을 매도하다(?)

그렇다면 앞에서 냈던 문제를 다시 한번 살펴봅시다. "나를 그런 식으로 매도하지 말았으면 해."라는 문장에서 매도는 어떤 의미의 매도일까요?

지금까지 내용을 제대로 이해했다면, 대상을 비난한다는 뜻의 첫 번째 '매도罵倒하다'라는 것을 잘 파악할 수 있을 거예요. 그런데 일부 상황에서는 '나를 그런 식으로 팔아넘기지(?) 말았으면 해.'의 의미로 잘못 소통되는 경우가 있는 것 같아요. 시쳇말(☞101쪽)로 '나를 도맷값으로 넘기지 마.'라는 말과 같은 의미로 이해하는 것이지요. 하지만 이것은 '매도賣渡하다'의 의미를 생각하더라도 제대로 사용된 것이 아닐뿐더러, 문장 구성도 이상하므로 성립할 수 없는 표현이라고 할 수 있습니다.

이제 '매도하다'의 정확한 두 가지 의미를 이해했다면, 사용하는 맥락에 미묘하게 공통점이 있는 이 두 단어를 분명하게 구분하며 사용할 수 있으실 거라 믿습니다.

문해력이 쑥쑥, 한 줄 요약

매도罵倒는 대상을 (부당하게) 비난하여 몰아세우는 것,
매도賣渡는 (명의가 따로 있는) 대상을 팔아넘기는 것!

'매도(賣渡)하다'의 유의어와 반의어들

■ 유의어

매각(賣却)하다: 물건을 팔아버리다.

판매(販賣)하다: 상품 따위를 팔다.

■ 반의어

매입(買入)하다: 물건을 사들이다.

매득(買得)하다: 물건을 싼값으로 사다.

특별한 칭찬과
특별한 약속

·············

준수하다

들었을 때 정말 기분이 좋아지는 칭찬이 있으시죠? 물론 칭찬은 다 좋지만요. 이런 칭찬은 어떤가요?

"우리 수환이는 커갈수록 외모가 더욱 준수해지는걸?"

잘생겼다, 멋지다 같은 흔한 표현도 좋지만, '준수하다'라는 형용사가 가진 의미의 깊이는 남달라서 명절이나 집안 행사 때 오랜만에 만난 어른께서 이런 말을 해주신다면 정말 행복할 것 같아요. 그런데 '준수'라는 말이 다른 맥락에서도 쓰이는 걸 본 적이 있을 겁니다.

물놀이 안전 수칙 준수하여 안전하게!

이 문장을 '안전 수칙이 멋지다고?'라고 이해하는 분은 없겠죠?

🖉 준수(遵守)하다³: 전례나 규칙, 명령 따위를 그대로 좇아서 지키다.

🔲 국민은 헌법을 준수해야 할 의무를 지닌다.

🖉 준수(俊秀)하다¹: 재주와 슬기, 풍채가 빼어나다.

🔲 그는 외모가 매우 준수하다.

이때의 '준수遵守하다'는 좀 더 쉬운 우리말로 '지키다', '따르다'로 바꿔 쓸 수 있고, '준행하다', '수호하다', '엄수하다' 등과 유사한 의미를 지닌 동사입니다. 하지만 '지키다'와 같은 뜻이라고 해서 문장을 다음과 같이 쓰면 매우 부자연스러워집니다.

나는 저녁에 떡볶이를 먹기로 한 친구와의 약속을 준수했다.(?)

'지키다'와 같은 단어는 그 대상이 무엇이든 간에 두루 쓰일 수 있지만, '준수하다'는 '전례', '규칙', '명령'과 같이 사사롭지 않은 공적 대상을 목적어로 사용하므로 쓸 수 있는 맥락이 다소 좁은 단어라고 할 수 있습니다.

이제 맨 처음에 나왔던 '준수俊秀하다'의 한자를 살펴보면, '뛰어나다'라는 뜻의 준俊에 '빼어나다'라는 뜻의 수秀라는 한자가 병렬적으로 나란히 이어져 있는 형용사입니다. 말 그대로 뛰어나고 빼어나다는 뜻이지요.

이 단어에는 단어와 관련된 어원이 존재합니다. 옛날 중국의 명나라와 청나라에서는 과거 제도에 준수과俊秀科를 두고 과거 시험에 합격한 사람들을 '준수'라고 불렀다고 합니다. 어원을 알면 중국의 인재 선발 제도로부터 생긴 '준수하다'라는 말의 의미를 더욱 잘 기억할 수 있을 겁니다.

그런데 오늘날에는 주로 외모가 빼어난 것을 가리키는 말로 뜻이 축소된 것 같아요. 그뿐만 아니라 최근에 인터넷에서 사용되는 맥락을 보면 '뛰어나고 빼어나다'보다는 '평균보다 조금 더 높은 수준'의 의미로 '준수하다'를 쓰는 경우가 많습니다.

예를 들면 야구 선수의 기록을 보면서 '이 정도 타율이면 준수하다.'라고 표현하는 겁니다. 그런데 이렇게 사용하면 의사소통에 미세한 오류가 생겨납니다. 3할이 넘는 우수한 타율을 가진 타자에게도 준수한 성적을 보이고 있다고 하고, 2할이 조금 넘는 평균 정도의 활약을 보여 약간 아쉬움이 남는 타자에게도 '준수하다'라며 똑같이 표현한다면 서로의 생각을 정확히 이해하기 힘들겠지요.

하지만 원래 의미는 '어디 하나 흠잡을 곳 없이 만족스럽게 뛰어나다'입니다. 이 책을 읽은 여러분이 아주 준수한 문해력을 가진 분들이 되었으면 하는 마음을 이 단어로 표현할 수 있겠네요.

그렇다면 왜 단어의 의미가 이렇게 변했을까요? 어휘는 마치 살아 숨 쉬는 유기체와 같아서 생성, 발전, 소멸하는 단계를 거칩니다. 새로운 문물과 사상을 표현하기 위해 어떤 단어가 만들어지면 언중*의 선택을 받아 오랫동안 사용됩니다. 그러다 어떤 것은 완전히 정착되어 그 사회에 뿌리를 내리는가 하면, 어떤 단어는

● 언중言衆
말씀 언言과 무리 중衆이 결합해서 말 그대로 '같은 언어를 쓰는 집단'을 뜻합니다. '말무리'라는 순우리말로 대체할 수 있어요.

더 이상 쓰이지 못하고 언중의 기억에서 사라집니다. 또한 단기간에 일어나는 일은 아니지만 단어가 정착되어 사용되는 과정에서 그 뜻이 축소, 확장, 이동하는 경우도 있지요. '준수하다'도 사람들 사이에서 흔히 쓰이다가 사용 맥락, 화자의 의도 등에 의해 미세한 의미 변화를 겪고 있는 과정으로 보입니다. 이와 관련한 구체적인 사례는 22쪽에서 더 살피도록 하겠습니다.

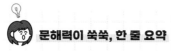

문해력이 쑥쑥, 한 줄 요약

'준수俊秀하다'는 내 맘에 쏙 드는 멋진 대상에게만 아껴 사용하자!

어휘의 뜻이 언제나 똑같지만은 않아요!
어휘 의미 변화의 세 가지 양상

▨ **축소**: 어휘의 의미 범위가 좁아진 것

예 놈: 일반적인 남성을 두루 가리키는 말 → 남자를 낮춰 부를 때만 쓰이게 됨.

▨ **확장**: 어휘의 의미 범위가 넓어진 것

예 다리: 유정물의 하체만 의미 → 무정물의 하체까지를 모두 가리킴.

▨ **이동**: 어휘의 의미 범위가 달라진 것

예 어리다: 슬기롭지 못하고 둔하다. → 나이가 적다.

사회적 파장의
주인공

....

심심하다

한때 신문 기사 사회면을 뜨겁게 달구었던 일화 하나를 소개하겠습니다. 어느 웹툰 작가가 사인회를 진행하는 과정에서 예약 시스템에 혼선*이 생기는 일이 발생했습니다. 이에 홈페이지에 다음과 같은 사과문을 올렸다고 해요.

● 혼선混線
원래 통신선이나 전기선이 뒤엉켜서 신호 전달이 잘되지 않는 현상을 뜻하는 말입니다. 이 단어의 뜻이 확장되어 다른 일에서도 어떤 정보를 다르게 이해해서 의미 전달이 제대로 되지 않는 것을 의미하게 되었지요.

"심심한 사과의 말씀을 드립니다."

이에 누리꾼들이 "제대로 된 사과도 아니고 무슨 심심한 사과?", "심심한 사과라니 난 하나도 안 심심하다."라고 비난한 일이 화제가 됐습니다. 혹시 무엇이 잘못된 건지 눈치채셨나요?

사실 '심심한 사과'라는 표현은 그야말로 심심치 않게 등장합니다. 그 뜻을 잘 알아두어야 오해를 막을 수 있어요.

📎 **심심(甚深)하다[3]**: 마음의 표현 정도가 매우 깊고 간절하다.

✏️ 심심한 사과의 말씀을 드립니다.

📎 **심심하다[1]**: 하는 일이 없어 지루하고 재미가 없다.

✏️ 심심해서 못 견디겠다.

즉 심심한 사과라는 말에서 '심심'은 강조를 뜻하는 표현으로, 사과하는 마음에 깊고 간절함을 더한다는 뜻입니다. 한자를 살펴보면 심할 심甚과 깊을 심深을 쓰고 있으므로 '깊고 깊게' 사과한다는 뜻 정도로 해석할 수 있겠습니다. 아래 단어들을 봐도 두 한자는 의미상 큰 차이가 없어 보입니다.

'심할 심(甚)'이 쓰인 단어	'깊을 심(深)'이 쓰인 단어
극심하다	심각하다
심지어	심사숙고
심히	심층
후회막심	심호흡

그런데 이때의 '심심하다'는 일반적인 대화 상황보다는 대표성을 띤 주체나 단체의 입장문 등을 발표하는 상황에서 주로 사용하는 단어라는 점에 주의해야 합니다. 한마디로 사적 상황보다는 공적 상황에서 자주 쓰이고, 개인보다는 집단의 입장을 나타낼 때 주로 쓰인다는 거예요. 설령 개인이 사용한다고 하더라도 그 개인은 자신이 속

한 집단을 대표하는 성격을 띤 경우가 대부분입니다.

다시 말해 특정한 지위에 있는 정치인이나 공무원, 기업·회사의 고위직 임원, 연예인처럼 개인이나 단체가 공식적인 사과의 입장을 표명할 때 쓰이는 표현이므로 친구 사이에서 사과의 마음을 전할 때 쓰기는 어려운 말이라는 것까지 알아두면 좋겠습니다. 100% 절대 못 쓴다는 말은 아니지만 잘 어울리지 않아요. 문해력을 높이려면 한 단어의 뜻만 이해하지 말고 다음과 같은 단계로 단어를 알아가는 것이 좋습니다.

① '심심하다'의 뜻 이해하기
☞ 지루하다는 의미가 아니라 매우 깊고 간절함을 의미하는 단어군.

② 단어가 주로 쓰이는 맥락 이해하기
☞ '심심한 애도', '심심한 조의'와 같이 좀 더 공적이고 정중한 표현에 더 적합하구나.

③ 단어와 관련된 단어(유의어, 반의어) 이해하기
☞ '극심하다', '심각하다' 할 때 쓰이는 한자와 같으니 같이 기억해야겠어.

우리말은 절반이 넘게 한자어로 이루어져 있습니다. 다만 최근에 새로 만들어지거나 유입되는 말들은 영어 중심의 외국어에서 유래한 표현들이 더 많기 때문에 한자어의 쓰임과 비중이 점점 줄어드는 추세인 것은 사실이지요. 그러다 보니 일상생활에서 한자를 직접적으로 사용할 일이 많지 않아 배움에 소홀한 경우가 많습니다.

그러나 여전히 우리말 단어의 뜻을 정확하게 이해하고 구분하려면 한자를 반드시 알아야 합니다. 다만 시간을 내어 따로 한자만 공부하기보다는, 기회가 될 때마다 사용되는 맥락과 함께 조금씩 익히는 방법을 추천합니다.

문해력이 쑥쑥, 한 줄 요약

심심甚深한 사과는 마음을 다해 전하는 정중한 사과!
다만 공적인 상황에서 쓰는 것이 적절합니다.

소리가 같아 더욱 헷갈리는 동음이의 한자어
무운(無運)을 빈다? 무운(武運)을 빈다!

보통 '무운을 빕니다.'와 같은 형태로 자주 쓰이는 '무운'에서 무(武)는 '굳세다', '전쟁' 등의 의미를 지니는 한자입니다. 그래서 무운을 빈다고 하면 전쟁터에서 승리하는 운수가 되기를 빈다는 뜻이 되지요. 이 의미가 확대되어 선거처럼 흔히 전쟁으로 비유되는 상황에서 승리하기를 기원하는 덕담으로 '무운을 빕니다.'와 같은 표현을 씁니다.

그런데 이를 없다는 뜻의 무(無)로 오해해서 운이 없기를 바란다는 뜻으로 곡해하면 의사소통에 큰 오해가 생기게 됩니다. 덕담이 악담으로 바뀌는 순간이죠!

들었을 때 좀 이상하다 싶은 단어들은 아는 뜻으로만 유추하기보다, 일단 그 단어에 혹시 더 다른 뜻이 있거나 한자 구성이 다른 건 아닐지 의심해 보고 찾아보는 태도가 필요합니다.

✎ 무운(武運): 전쟁에서 이기고 지는 운수. 무인으로서의 운수.
🔲 무운을 점치다.

잘못 알고 있으면
이 사달이 납니다

사단　　사달

걱정하던 어떤 큰일이 결국 일어나고야 말았을 때 '결국 이 ○○
이 났구나!'라고 표현하곤 합니다. 여기에 들어갈 말은 무엇일까요?
아마도 '사단'과 '사달' 두 단어를 머릿속에서 비교하며 어떤 것이 맞
을지 궁리하고 계실 수도 있겠네요. 사람들이 많이 혼동하는 이 두
단어는 유의어 관계도 아닌데, 단지 발음이 비슷해서인지 쓰임을 헷
갈리는 경우가 매우 많습니다.

　🖉 사단(事端): 일의 실마리. 또는 사건의 단서.
　㉠ 사단을 구하다.
　🖉 사달: 사고나 탈.
　㉠ 일이 꺼림칙하게 되어 가더니만 결국 사달이 났다.

우리말에 한글 맞춤법이라는 규정이 있다는 것을 잘 알고 계실

겁니다. 이 한글 맞춤법을 포함해서 우리나라에는 언어생활에서 따르고 지켜야 할 공식적인 기준을 제시하는 4대 어문 규범이 있습니다. 바로 한글 맞춤법, 표준어 규정, 외래어 표기법, 국어의 로마자 표기법입니다. 국어를 사용하면서 궁금한 것들은 국어사전과 이 규정들을 살피면 대부분 해결할 수 있어요.

사단과 사달, 이 두 단어를 이해하기 위해서 '표준어 규정'을 조금 설명해 보겠습니다. 강원, 충청, 전라, 경상, 제주 등 다양한 지역의 말을 사투리(방언)라고 한다면, 표준어란 다양한 변이형들의 표준이 되어주는 말로 '교양 있는 사람들이 두루 쓰는 현대 서울말'을 가리킵니다.

일제 강점기에 한글과 우리말을 탄압했던 일제에 맞서 결성된 학술 조직 단체인 조선어학회는 한글 맞춤법 제정 작업에 이어 표준어 사정* 작업을 추진했습니다. 그 결과 1936년에 약 9,000단어를 표준어로 정했다고 하며, 이는 다

● 사정査定
'조사해서 결정함'이라는 뜻의 단어입니다. 이 '사정'은 '입학 사정관'으로 가장 많이 들어봤을 것 같아요. 즉 입학 사정관은 '대학에 입학할 학생을 조사해서 결정하는 사람'인 셈이지요.

시 1988년에 문교부에서 공표한 '표준어 규정'으로 개정되었습니다. 표준어와 관련된 규정은 지금도 꾸준히 바뀌고 있습니다. 이 표준어 규정 제3장 4절 25항을 보면 다음과 같은 규정이 나옵니다.

의미가 똑같은 형태가 몇 가지 있을 경우, 그중 어느 하나가 압도적으로 널리 쓰이면, 그 단어만을 표준어로 삼는다.

즉 '사고나 탈이 나다'의 의미로 쓰일 때는 사단이 아닌 '사달이 나다'만이 맞는 표현입니다. 이것과 많이 혼동하여 쓰이는 사단事端의 의미는 말 그대로 '사건의 단서'를 가리키는 단어이고요. 표준국어대사전에서 사단을 검색하면 굉장히 많은 동음이의어가 나오는데, 그중 우리가 알아본 것은 네 번째로 등재된 사단[4]에 해당합니다. 그리고 뜻풀이 맨 끝에 '사달'을 찾도록 안내하고 있습니다. 그만큼 잘못 쓰이는 경우가 많은 단어라고 할 수 있겠습니다.

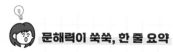

문해력이 쑥쑥, 한 줄 요약

사건의 단서일 땐 사단, 사건이 일어나거나 일어나려 할 때는 사달!

'사달'의 유의어

■ 사고(事故)

뜻밖에 일어난 불행한 사건.

■ 변고(變故)

갑작스러운 재앙이나 사고.

■ 탈(頉)

뜻밖에 일어난 걱정할 만한 사고.

비슷한 듯 다르지만
어쨌든 힘든 것

의미도 발음도 비슷하게 느껴지는 이 두 단어는 모두 사전에 실려 있는 표준어로, 둘 다 한자로 곤란할 곤困을 쓰고 있지만 따지고 보면 쓰임이 각기 다른 단어입니다. 한 가지 사실만 기억하면 되는 단순한 차이이니 잘 읽어주세요.

✎ **곤욕(困辱):** 심한 모욕 또는 참기 힘든 일.

㉑ 곤욕을 치르다.

✎ **곤혹(困惑):** 곤란한 일을 당해 어찌할 바를 모름.

㉑ 예기치 못한 질문에 곤혹을 느끼다.

두 단어에서 모두 사용되고 있는 곤困은 한자의 뜻 그대로 '곤란하다'의 의미라고 생각하면 됩니다.

곤욕은 '심한 모욕이나 참기 힘든 일 그 자체'를 가리킵니다. 주로 다른 사람 앞에서 당하거나 범하는 실수 또는 상황들을 표현합니다. 그에 비해 곤혹은 '곤란한 일을 당해 어찌할 바를 모르는 화자의 감정'을 가리킵니다. 주로 예상하지 못한 상황이나 다른 사람과의 관계 속에서 느끼는 당황스러움을 표현합니다.

'곤욕'의 활용	'곤혹'의 활용
곤욕스럽다	곤혹하다
곤욕을 겪다	곤혹스럽다
곤욕을 당하다	곤혹을 느끼다
곤욕을 치르다	

뜻만으로는 헷갈린다면 이 두 단어를 문학 작품에서는 어떻게 구분해 썼는지, 소설 속 문장을 통해 단어의 감을 익혀보겠습니다.

(가) 갖은 곤욕과 모멸과 박대는 각오한 바이나 문제는 노자路資의 조달이었다. 　한무숙, 《만남》

(나) 내가 사회생활을 원만히 하지 못하는 것도 아마 형이 들려준 이야기를 내 나름대로 곡해하고 형의 곤혹만을 염두에 두기 때문에 그런 것이 아닌가 해. 　이영치, 《흐린 날 황야에서》

(가)에서는 곤욕이 모멸, 박대˙와 병렬적으로 제시되면서 참기 힘든 일 그 자체를 설명하고 있습니다. (나)에서는 곤혹이라는 단어

● 모멸侮蔑과 박대薄待
모멸은 '얕잡아 보다'라는 뜻이고,
박대는 '모질게 대하다'라는 뜻으로
'푸대접'과 같은 의미입니다. 박대
의 반대말로는 '반갑게 맞아 정성껏
대접하다'라는 뜻의 '환대'가 있습
니다.

로 형의 감정을 설명하고 있지요.

다시 한번 정리하자면 곤욕은 일 그 자체를 가리키므로 품사는 명사가 되며 '겪고', '당하고', '치르는' 것이라면, 곤혹은 감정을 가리키므로 형용사를 이루어 '-하고', '-스럽고', '느끼는' 것입니다.

이렇게 매번 활용형이 서로 분명하게 구분된다면 좀 덜 헷갈릴 텐데, 아쉽게도 '-스럽다'와 결합된 '곤혹스럽다'와 '곤욕스럽다'가 모두 사전에 등재되어 있네요. 그러면 다음 문장에서는 어떤 표현이 맞을지 연습해 볼까요?

나는 야식의 유혹을 참는 것이 (곤욕스럽다. / 곤혹스럽다.)

문장의 의미를 살펴보면 야식의 유혹을 참는 것에 대한 자신의 감정을 나타내고 있으므로 '곤혹스럽다'가 맞는 표현입니다.

문해력이 쑥쑥, 한 줄 요약

곤욕은 심한 모욕이나 참기 힘든 일 그 자체,
곤혹은 그럴 때 느끼는 감정입니다.
'곤욕을 치러 곤혹스러웠다.'라는 문장으로 기억해 둡시다.

'곤욕'과 '곤혹'의 유의어 보기

■ 곤욕

모욕(侮辱): 깔보고 욕되게 함.

치욕(恥辱): 수치와 욕됨.

고역(苦役): 몹시 힘들고 고되어 견디기 어려운 일.

수모(受侮): 모욕을 받음.

군욕(窘辱): 심한 모욕. 또는 참기 힘든 일.

■ 곤혹

당혹(當惑): 무슨 일을 당하여 정신이 헷갈리거나 생각이 막혀 어찌할 바를 몰라 함.

당황(唐慌): 놀라거나 다급하여 어찌할 바를 모름.

무수한 단어의
무한한 가능성

. . . .

[무수하다]   [무한하다]

'그 남자' 빠지자 … 무수한 슈팅 때리고도 패배

붙잡을 수 없이 계속 흐르는 무한한 시간 속 유한한 인간

밤하늘의 별과 바닷가의 모래, 이 둘의 공통점은 무엇일까요? 아마도 '많다', '수를 세기 힘들다'일 것입니다. 그렇다면 이러한 특성을 표현할 수 있는 단어에는 어떤 것이 있을까요?

✏ **무수(無數)하다**: 헤아릴 수 없다.

💬 밤하늘에는 별이 무수했다.

✏ **무한(無限)하다**: 수(數), 양(量), 공간, 시간 따위에 제한이나 한계가 없다.

💬 이번 일의 성과에 대해 무한한 감사를 드립니다.

무수하다와 무한하다, 이 두 단어는 너무 많아 세기 어려운 대상

에 사용할 수 있는 단어입니다. 먼저 '무수하다'의 한자 구성을 보면 없을 무無에 셈을 나타내는 수數가 결합해서 '셀 수 없음'을 의미하고, '무한하다' 역시 없을 무無에 한계, 제한, 한정 등을 나타내는 한限이 결합한 단어입니다.

얼핏 보기에 비슷해 보이는 이 두 단어에도 차이점이 있습니다. 둘 다 세기 어려운 대상을 가리키는 형용사이지만 '무수하다'는 양의 유한성이 있는 대상에 쓰는 반면, '무한하다'는 양에 한계가 없거나 알 수가 없는 대상에 씁니다.

즉 '무수하다'는 헤아릴 수 없을 정도로 많기는 많으나 한계는 있어서 수치로 표현할 수 있는 대상에 쓰는 단어라면, '무한하다'는 헤아릴 수 없이 많으며 수치로도 표현하기 어려운 대상에 쓰는 단어라고 할 수 있겠지요. 더 쉽게 말하면 '무수하다'는 셀 수는 있는 대상, '무한하다'는 셀 수도 없는 대상에 쓴다고 생각하면 됩니다. 그렇다면 무수한 것과 무한한 것의 예는 어떤 것들이 있을까요?

(가) 소수素數의 개수는 무한하다.
(나) 그가 범인이라는 증거가 무수하다.

(가)에서 소수란 수학에서 1과 그 수 자신 이외의 자연수로는 나눌 수 없는 자연수로 2, 3, 5, 7, 11 따위가 있는데, 그 개수는 끝까지 모두 헤아리는 것이 불가능합니다. 이런 경우는 '무한히' 많은 것이라고 할 수 있습니다.

한편 (나)에서 그가 범인이라는 증거의 개수는 아무리 많아도 통상적으로 우리의 인지 범위 안에서 헤아릴 수 있는 정도일 것이므로 '무수히' 많다고 표현할 수 있겠지요.

처음에 제시한 표제에서도 그 쓰임을 엿볼 수 있습니다. '슈팅'은 한 선수가 아무리 많이 한다 한들 한 경기 내에서 할 수 있는 슈팅의 개수가 제한적이기 때문에 '무수한'의 수식을 받습니다. '시간'은 인간이 양의 한계를 파악할 수 없는 대상이기에 '무한한'의 수식을 받고 있네요. 쓰임의 차이가 한눈에 들어오시나요?

하지만 이 유한성(무한성)의 기준은 사람에 따라 불분명하기도 합니다. 우리 동네 뒷산의 나무, 바닷속 물고기는 무수히 많은 걸까요, 무한히 많은 걸까요? 많을지언정 세다 보면 언젠가는 셀 수 있을까요? 우리 언어를 구성하고 있는 단어는 무수히 많은 걸까요, 무한히 많은 걸까요? 단어는 무수할지언정 단어가 지닌 의미는 깊고도 무한하지 않을까요? 쉽게 답하기 어려우며 사용자의 의도에 따라 조금씩 그 기준이 달라질 수 있습니다.

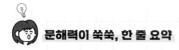

문해력이 쑥쑥, 한 줄 요약

어떻게든 셀 수 있으면 '무수하다', 도저히 셀 수 없으면 '무한하다'!

'무수하다'와 '무한하다'의 유의어와 반의어들

- **무수하다**

유의어: 많다, 허다하다, 넉넉하다, 충분하다

반의어: 적다, 드물다, 희박하다, 희소하다

- **무한하다**

유의어: 수없다, 그지없다, 한없다

반의어: 유한하다

정보를 어떻게
캐내야 할까

....

신문   심문

　　신문과 심문의 차이점, 누구나 한 번쯤은 정확히 알고 싶어 했을 거라 생각합니다. 아마 사전을 찾아보신 열정적인 문해력 탐구자도 분명 있었을 거예요. 여러분도 글을 마저 읽기 전에 한번 사전에서 신문과 심문을 찾아보세요. 하지만 여전히 고개를 갸우뚱하게 될 겁니다. 사전을 찾고 나면 왠지 더 좌절하게 되는 단어가 바로 신문과 심문입니다.

🖉 신문(訊問): ① 알고 있는 사실을 캐어물음. ②『법률』법원이나 기타
　　국가 기관이 어떤 사건에 관하여 증인, 당사자, 피고인 등에게 말로 물
　　어 조사하는 일.
📖 ② 신문을 당하다.

✎ 심문(審問): ① 자세히 따져서 물음. ②『법률』법원이 당사자나 그 밖에 이해관계가 있는 사람에게 서면이나 구두로 개별적으로 진술할 기회를 주는 일.

예 ② 피의자를 심문하다.

'신문' 또는 '신문하다', '심문' 또는 '심문하다'라고 활용되는 두 단어 모두 사전에 등재된 중심 의미는 거의 같아 보입니다. '캐어 묻다', '자세히 따져 묻다'라는 기본적인 뜻을 공유하고 있으니까요. 그러다 보니 사실상 중심 의미인 ①은 의미의 분별 기능을 수행하지 못하는 상황이 되었습니다. 그래서 어떤 연구자들은 이를 비판하면서 다음과 같이 개선을 촉구하고 있기도 합니다.

> 지금이라도 국어사전은 이러한 풀이를 삭제하든지 그 뜻이 현대 국어에서 사어[•]화한 것으로 처리하는 것을 고려할 필요가 있다.
>
> 안상순,《우리말 어감 사전》

그러나 두 단어의 차이점은 두 번째 의미에서 발생합니다. 이 단어들은 '법률'이라는 범주 안에서 조금 다른 의미를 지니고 있습니다. 가장 큰 차이점은 묻는 주체가 누구냐는 것입니다. 신문은 법원을 포함한 기타 국가 기관이 묻는 것이고, 심문은 법원(판사)만이 묻는 것입니

● 사어死語
죽을 사死에 말씀 어語를 써서 말 그대로 '죽은 말'이라는 뜻으로, 과거에는 쓰였으나 현재는 쓰이지 않는 언어를 의미하지요. 사라진 단어도 사어라고 할 수 있고, 고대 그리스어나 고대 이집트어 등 언어 자체에도 사어라는 말을 쓸 수 있습니다.

다. 즉 신문의 주체는 법원뿐만 아니라 검찰이나 경찰이 될 수도 있지요. 그래서 신문을 받는 대상은 당사자, 증인 등 다양할 수 있지만, 심문을 받는 대상은 주로 피의자로 한정됩니다. 그리고 신문은 구두(말)로 진행되는 반면, 심문은 서면과 구두* 모두 가능합니다.

요약하자면 신문은 법원, 검찰, 경찰 등이 당사자나 증인 등을 대상으로 어느 정도 사안의 사실 요소가 파악된 상태에서 상대에게 사실 관계를 묻는 광범위한 질문 행위이고, 심문은 판사가 재판 시 사실 관계가 밝혀지지 않은 사건의 진실 여부를 파악하기 위해 피의자에게 진술할 기회를 주는 더 좁은 의미의 질문 행위라고 할 수 있습니다.

여기까지 이해하고 나면 한 가지 의문점이 들 거예요. 흔히 쓰이는 표현으로 '유도 신문'과 '유도 심문' 중 어떤 것이 맞는 표현일까요? 사전을 찾거나 검색을 해도 해결하기 어려운 국어에 대한 궁금증을 풀 수 있는 공간이 있습니다. 바로 어문 규범이나 규정, 표준국어대사전의 내용을 질문할 수 있는 국립국어원 누리집의 〈온라인 가나다〉 게시판입니다. 이곳에 올라와 있는 질문을 살펴보겠습니다.

Q. 유도 심문과 유도 신문의 정확한 의미 차이가 궁금합니다. 예를 들어, 상대방에게서 특정 대답을 듣기 위해 특정 질문을 하는 건 유도 신문한 것인가요, 심문한 것인가요?

A. '특정인을 대상으로 하여, 무의식중에 심문자가 원하는 답변을 하도록 자세히 따져서 물음'을 뜻하는 경우라면 '유도 심문'으로 쓰고, '증인을 신문하는 사람이 희망하는 답변을 암시하면서, 증인이 무의식중에 원하는 대답을 하도록 꾀어 묻는 일'을 뜻한다면 '유도 신문'으로 씁니다.

화자의 표현 의도에 따라 둘 다 가능하다는 답변인데, 조금 모호*하다고 느껴지지 않나요? 여기서 두 가지 의문점이 생깁니다.

● 모호模糊하다
말이나 태도가 분명하지 않다는 뜻입니다. 비슷한말로 '애매하다'가 흔히 사용되곤 합니다. 아예 '애매모호하다'라고 붙여 쓰기도 해요. 그러나 '애매하다'는 두 가지 뜻이 있어서 주의해야 하는데, 순우리말 '애매하다'는 '억울하다'라는 의미로 씁니다. '애매한 옥살이', '애매하게 누명을 썼다'처럼 사용해요. 반면 한자어 '애매하다'는 '모호하다'와 같은 뜻입니다.

첫 번째로 표준국어대사전에 '유도 심문'은 나와 있지 않습니다. 두 번째는 사전에 등재된 신문과 심문의 개념을 보면 심문의 주체는 법원(판사)으로 한정되어 있으므로 우리는 '신문하는 사람'이 될 수는 있지만 '심문하는 사람'이 될 수는 없습니다. 적어도 현재 사전상의 정의로는 저 질문을 올린 사람이 판사가 아닌 이상 유도 심문을 할 수는 없지요. 따라서 저는 둘 중 '유도 신문'을 사용하실 것을 권해드립니다.

문해력이 쑥쑥, 한 줄 요약

신문은 법원, 검찰, 경찰 등 국가 기관이 묻는 것,
심문은 오직 법원(판사)이 묻는 것!

'묻다'와 관련된 단어들

- **질문하다:** 알고자 하는 바를 얻기 위해 묻다.

- **추궁하다:** 잘못한 일에 대해 엄하게 따져서 밝히다.

- **사문하다:** 조사하여 캐묻다.

- **캐어묻다:** 자세히 파고들어 묻다.

- **따지다:** 문제가 되는 일을 캐묻고 분명한 답을 요구하다.

사실을 밝혀내는
방법의 차이

"김치, 체중 감소에 효과적" 세계 최초 코호트분석 김치 항비만효과

구명

다가오는 '세월호 참사 10주기' … "끝까지 진상 규명해야"

우리말에는 비슷한 듯 다른 말들이 참 많습니다. 언어를 공부할
수록 이런 말들을 섬세하게 구분해서 정확하면서도 다양하게 사용
하고 싶다는 욕심이 생깁니다. 무언가를 밝혀낸다는 뜻을 지닌 구명
과 규명도 이에 해당하는 단어들입니다.

먼저 구명은 궁구할* 구究와 밝을 명明을
사용해서 어떤 대상의 본질을 깊이 연구하여 밝
힌다는 뜻을 지닙니다. 그러다 보니 주로 학술
분야에서 이루어지는 연구나 탐구 등의 학구적
행위를 가리킬 때 자주 사용됩니다. 앞서 제시

● 궁구窮究하다
'속속들이 파고들어 깊게 연구하다'
라는 뜻입니다. 즉 잠깐 생각하고
마는 것이 아니라 진지하고 철저하
게 알아본다는 의미예요. '궁금하니
궁구한다!'로 알아두면 이해하기 편
하겠지요.

한 표제에서는 김치가 체중 감소에 효과적이라는 특성을 '연구'라는 학구적 행위를 통해 밝혀냈기에 구명이라는 단어가 알맞습니다.

> 🖋 **구명(究明): 사물의 본질, 원인 따위를 깊이 연구하여 밝힘.**
> 예 고대 유물에 대한 문제의 구명에서 무엇보다도 긴요한 것은 객관적인 자료의 뒷받침이다.
> 🖋 **규명(糾明): 어떤 사실을 자세히 따져서 바로 밝힘.**
> 예 주민들은 사건의 진상 규명을 촉구하였다.

참고로 '목숨을 구하다'라는 뜻의 동음이의어 구명救命은 일상생활에서 '구명조끼', '구명 운동' 등과 같이 앞의 구명究明보다 더 자주 쓰이고 있으므로 더불어 알아두면 좋겠네요.

다음으로 규명糾明은 '꼬다', '얽히다'라는 뜻을 지닌 규糾를 써서 꼬인 사실을 따져 바로 밝힌다는 뜻입니다. 앞에 주로 원인, 진상, 진실과 같은 단어가 오는데, 한자의 뜻과는 약간 다르게 비교적 단순한 사실을 밝히는 것과 관련됩니다. '바로 밝힌다'라는 뒤쪽 뜻풀이에 초점이 놓인다고 생각하면 쉽습니다.

사전을 찾아보면 동음이의어가 7개나 되는 구명과 달리, 규명은 오직 이 뜻 한 개만 등재되어 있다는 것도 차이점입니다. 그런데 이두 단어를 혼동해서 다음과 같이 쓰는 경우가 허다합니다.

○○대 연구진, 불안·강박 행동 유발 원인 규명

○○대 연구진이 불안·강박장애의 원인을 규명했다. 강박 행동이 뇌 속 편도체·선조체 회로의 활성과 억제를 통해 조절될 수 있다는 연구 결과다. 이는 향후 강박장애 치료법 개발에도 기여할 수 있을 것으로 기대되는 성과다.

이데일리, 2024.1.8.

여기서는 대학 연구진이 불안·강박 행동을 유발하는 원인을 연구해서 밝혀낸 것이지, 사실 관계를 따져서 바로 밝혀낸 것이 아닙니다. 아예 틀렸다고 말할 수는 없겠지만 구명이라고 쓰는 것이 훨씬 적절해 보입니다. 이처럼 신문 기사 표제에도 규명과 구명을 혼동해서 잘못 쓰는 경우가 많습니다. 앞으로 글을 읽을 때 이 단어들이 등장하면 그 적절성을 따져 보면서 읽는 것이 좋겠습니다.

문해력이 쑥쑥, 한 줄 요약

구명은 학술적 연구 행위를, 규명은 단순한 사실을 밝혀내는 행위를 가리킵니다. 즉 구명은 규명보다 좀 더 오랜 시간이 걸리는 행위입니다.

**다음 표제에는 구명과 규명 중
어떤 단어가 더 적절할까요?**

(1) 5·18특위 "진상 ☐☐☐ 조사위 개별 보고서 공개해야"

(2) 국방부, 북 파괴 GP '부실검증 의혹' 사실 관계 ☐☐☐ 하기로

(3) 비타민D, '침묵의 살인자' 노인성 지방간 예방 …

　　세계 최초로 효과 ☐☐☐

(1) 규명　(2) 규명　(3) 규명

능력을 갈고닦거나 일깨워주거나

············

개발   계발

개발과 계발은 문해력깨나[•] 있다는 사람들도 구체적으로 차이점을 설명하기 어려워하는 경우가 많습니다. 사실 이 두 단어도 앞서 살펴본 신문과 심문처럼 사전적 의미에 공통점이 많기 때문에 단순히 의미로 구분하기보다는 다양한 예문을 접하면서 단어 활용의 감을 익히는 것이 좋습니다.

● 깨나
'꽤나'와 '깨나'를 헷갈리는 사람이 많습니다. '꽤나'는 '꽤' 뒤에 강조 역할을 하는 보조사인 '나'가 붙은 말이고, '깨나'는 '어느 정도 이상'의 의미를 나타내는 보조사입니다. 의미도, 맥락도 비슷하기 때문에 둘 중 무엇을 써야 하나 헷갈리는 경우가 종종 생기곤 해요. 그럴 때는 '꽤'로 바꿨을 때 자연스러우면 '꽤나'를, 자연스럽지 못하다면 '깨나'를 쓰면 됩니다.

🖉 **개발(開發)**: ① 토지나 천연자원 따위를 유용하게 만듦. ② 지식이나 재능 따위를 발달하게 함. ③ 산업이나 경제 따위를 발전하게 함. ④ 새로운 물건을 만들거나 새로운 생각을 내어놓음.

📖 ① 유전 개발 ② 자신의 능력 개발 ③ 산업 개발 ④ 신제품 개발

✏️ 계발(啓發): 슬기나 재능, 사상 따위를 일깨워 줌.

🔲 외국어 능력의 계발

    단어에는 가장 기본적이고 핵심적인 의미인 '중심 의미'와 중심 의미에서 갈라져 나와 부차적으로 생겨난 '주변 의미'가 있습니다. 사전에서 단어를 찾으면 그중 첫 번째로 나오는 의미가 바로 중심 의미입니다. 이런 단어를 의미가 여러 가지라는 뜻으로 '다의어'라고 부릅니다. 앞서 배운 동음이의어는 서로 의미적 연관성이 없이 우연히 소리만 똑같은 별개의 단어이지만, 다의어는 어떤 한 단어가 의미를 확장해 나가면서 갖게 된 여러 의미를 포함하므로 하나의 다의어가 지닌 다양한 의미는 서로 연관성이 있습니다.

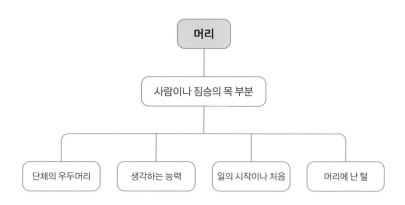

    예를 들어 '머리'의 중심 의미가 '사람이나 짐승의 목 부분(예문: 그는 머리를 긁었다.)'이라면 주변 의미로는 '생각하고 판단하는 능력

(예문: 머리가 좋다.)', '단체의 우두머리(예문: 그는 우리 모임의 머리 노릇을 하고 있다.)'와 같이 쓸 수 있는 것이죠.

많은 사람이 헷갈리는 것이 바로 개발開發의 주변 의미인 ②번 의미와 계발啓發의 중심 의미 차이가 무엇이냐는 것입니다. 결론부터 말하자면 이 두 의미는 서로 유의어 관계여서 쓰임이 거의 같습니다. 실제로 사전에서도 ②번 의미 하단에 비슷한 말로 '계발'이 있음을 안내하고 있어요.

그래도 둘 중에 좀 더 적확한˚ 표현이 있지 않을까 궁금해하는 사람들이 있기 마련입니다. 국립국어원 누리집의 〈온라인 가나다〉 게시판에 최근 2년간 6건이나 '자기 개발'과 '자기 계발' 중 어느 것이 맞는 표현이냐는 질문이 올라왔고, 이에 대한 답변은 다음과 같았습니다.

● 적확的確하다
'정확하게 맞아 조금도 틀리지 아니하다'라는 단어이고, 우리가 많이 쓰는 '정확하다'는 '바르고 확실하다'라는 뜻입니다. 따라서 '틀리지 않고 꼭 들어맞는다'라는 의미를 나타낼 때는 '적확하다'가 적확한 표현입니다. 한편 '시간을 정확히 지키자'와 같이 말할 때는 '정확하다'가 좀 더 알맞은 표현입니다. 개발과 계발처럼 사소한 차이지만 잘 구별해 보세요.

Q. '자기 개발을 위해 외국어 공부를 시작하다'라고 할 때, 자기 개발이 맞나요, 자기 계발이 맞나요?

A. 표현은 표현자의 의도에 따르게 되므로, '자기 개발'과 '자기 계발'의 뜻을 참고하시어 알맞은 표현을 쓰시기 바랍니다.

☞ 자기 개발: 본인의 기술이나 능력을 발전시키는 일.
☞ 자기 계발: 잠재하는 자기의 슬기나 재능, 사상 따위를 일깨워 줌.

요약하면 쓰임은 같으며 표현 의도에 따라 둘을 구분할 수 있다는 말인데, 그래도 분명 차이점은 존재하지 않겠냐고 생각할 수도 있겠습니다. 꼭 구분을 해야 한다면 개발開發은 중심 의미에 따라 토지나 천연자원처럼 구체적인 형태를 띠는 대상을 발달하게 하거나 발전시킬 때 주로 사용하는 단어이고, 계발啓發은 중심 의미 그대로 일깨워 발전시킴으로써 더 나아지게 만드는 것이라는 의미로 사용하면 되겠습니다. 개발開發의 사전적 의미가 네 가지나 있는 만큼 좀 더 폭넓게 사용되는 경향이 있지만, 계발啓發은 중심 의미 한 가지로만 사용되므로 다른 의미로 써서는 안 되겠지요.

문해력이 쑥쑥, 한 줄 요약

개발은 주로 눈에 보이는 유형의 것,
계발은 대개 눈에 보이지 않는 무형의 것!

'개발'과 '계발'의 쓰임새 비교해 보기

■ **개발**
자기 개발, 택지 개발, 신기술 개발, 무분별한 개발 등

■ **계발**
자기 계발, 인재 계발, 창의성 계발, 소질 계발 등

성공과 승리는
어떻게 다를까?

지방 그린벨트 해제 성패, 기업유치에 달렸다

지하 30m '땅굴 전투'가 전쟁 승패 가른다

우리말에는 서로 반대 의미를 지닌 한자를 나란히 써서 두 가지의 대조적 의미를 지닌 한 단어를 만드는 경우가 무척 많습니다. 예를 들어 원근(멂과 가까움), 장단(긺과 짧음), 유무(있음과 없음), 대소(큼과 작음), 고금(옛날과 지금), 신구(헌것과 새것) 등 셀 수 없이 많지요. 성패와 승패도 이런 단어에 속합니다. 그런데 이 두 단어를 혼동해서 쓰는 경우가 종종 있습니다. 정확한 뜻을 알고 넘어가도록 해요.

✎ **성패(成敗)**: 성공과 실패를 아울러 이르는 말.

㉠ 성패를 좌우하다.

✎ **승패(勝敗)**: 승리와 패배를 아울러 이르는 말.

예 승패를 가르다.

성패의 성成은 이룬다는 의미이고 승패의 승勝은 이긴다는 의미입니다. 그래서 성패는 '성공과 실패'를, 승패는 '승리와 패배'를 가리키는 단어이지요. 따라서 전쟁, 선거, 스포츠 경기와 같이 이기거나 지는 맞대결이 존재하는 경우에는 승패를 쓰고 사업, 취업, 입시, 작품의 흥행 등과 같이 어떤 일이 잘되거나 안됨을 따지는 맥락에서는 성패를 써야 합니다.

'이룰 성(成)'이 쓰인 단어	'이길 승(勝)'이 쓰인 단어
성장	승리
완성	우승
성분	결승
성취	압승

그렇다면 다음 두 문장 중에서 승패를 정확히 사용한 것은 어떤 문장일까요?

(가) 이번 선거는 우리나라 지방자치의 승패를 가름하는 분수령이다.
(나) 이번 월드컵 결승전의 승패는 과연 어떻게 될 것인가?

쉽게 맞히셨나요? 정답은 (나)입니다. 결승전이라는 것은 승리하는 팀과 패배하는 팀이 존재하므로 승패라는 단어가 적절합니다. (가)에서는 이번 선거가 우리나라 지방자치의 성공과 실패 여부를 결정하는 중요한 선거라는 의미이

므로 승패가 아니라 성패를 써야 합니다. 물론 앞에서 설명한 것처럼 '선거'는 승패를 가름할 수 있는 대상이지만, 이 문장은 선거 자체를 설명하는 것이 아니라 선거가 지방자치라는 정치 형태가 잘 이루어지도록 하는 데 기여할지를 따지는 맥락이기 때문에 승패가 어색한 것입니다.

그래도 조금 헷갈린다면 그 단어를 대체할 다른 유의어가 있는지, 있다면 그 유의어로 바꿔 쓸 수 있는지를 따져보는 것도 방법입니다. 승패의 유의어는 '승부'인데요, 이때 '이번 월드컵 결승전의 승부는 과연 어떻게 될 것인가?'라고 바꿔 써도 자연스럽기 때문에 '승패'가 적절함을 확인할 수 있습니다. 그에 비해 '이번 선거는 우리나라 지방자치의 승부를 가름하는 분수령이다.'는 굉장히 어색하지요.

문해력이 쑥쑥, 한 줄 요약

성패는 성공과 실패를, 승패는 승리와 패배를 가리킵니다.

ㄱ부터 ㅎ까지, 대조되는 한자로 구성된 단어들

ㄱ **가감(加減):** 더함과 뺌.

ㄴ **내외(內外):** 안과 밖.

ㄷ **득실(得失):** 얻음과 잃음.

ㄹ **로소(노소)(老小):** 늙음과 젊음.

ㅁ **명암(明暗):** 밝음과 어두움.

ㅂ **부부(夫婦):** 남편과 아내.

ㅅ **손익(損益):** 손해와 이익.

ㅇ **이해(利害):** 이익과 손해.

ㅈ **진위(眞僞):** 참과 거짓.

ㅊ **친소(親疏):** 친함과 친하지 않음.

ㅋ **쾌둔(快鈍):** 날카로움과 무딤.

ㅌ **탈착(脫着):** 붙음과 떨어짐.

ㅍ **표리(表裏):** 겉과 속.

ㅎ **흥망(興亡):** 잘되어 일어남과 못되어 없어짐.

근거가 되는
두 말

반증   방증

　혹시 반증과 방증, 이 두 단어의 뜻이 궁금해서 찾아본 경험이 있나요? 어휘력과 문해력에 관심이 많을수록 단어의 의미를 정확히 구분해서 쓰고 싶은 욕구가 생기거든요. 비슷한 뜻을 지닌 단어라 하더라도 가장 잘 어울리는 단어를 쓰고 싶은 마음, 그것이 문해력 향상을 위한 첫 마음가짐이기도 합니다. 정확한 단어를 사용해서 서로가 뜻하는 바를 가능한 한 정확히 이해하려는 시도인 것이죠.

　반증과 방증은 논리적 근거를 가지고 말하는 상황에서 자주 언급됩니다. 일상생활에서도 자주 쓰이는 이 단어들은 '근거'나 '증거'라는 유사한 의미를 기본으로 깔고 있지만, 서로 분명히 다른 뜻을 지니고 있습니다.

🖋 **반증(反證):** ① 어떤 사실이나 주장에 대해 반대되는 증거를 들어 그것을 부정하는 일. 또는 그 증거. ② 어떤 사실과 모순되는 것 같지만, 거꾸로 그 사실을 증명하는 것.

📋 ① 허위 보도라는 것이 반증되다. ② 그것은 당신이 떳떳하지 못하다는 반증이다.

🖋 **방증(傍證):** 사실을 증명할 수 있는 증거가 되지는 않지만, 주변의 상황을 밝힘으로써 증명에 간접적으로 도움이 되는 증거.

📋 방증할 자료를 수집하다.

● 모순矛盾
'창과 방패'라는 뜻으로 무엇이든 뚫는 창과 무엇이든 막는 방패를 파는 상인의 일화에서 유래한 말입니다. 무엇이든 뚫는 창으로 무엇이든 막는 방패를 찌르면 어떻게 될까요? 모순은 이처럼 '두 사실의 앞뒤가 서로 맞지 않음'이라는 뜻으로 씁니다.

먼저 반증은 두 가지 의미가 있습니다. ①의 반증은 쉽게 말하면 '반대가 된다는 증거'라고 할 수 있어요. 어떤 사실이나 주장이 옳지 않다는 것을 그에 반대되는 근거를 들어 증명하는 것을 의미합니다. 주로 수학적 증명이나 논리적 토론과 같은 특정 상황에서 쓰입니다.

SNS 사용과 우울증 간의 상관관계에 대한 연구 결과가 모순되어, SNS 사용이 우울증 유발의 직접적인 근거가 없다는 반증이 있다.

②의 반증은 어떤 사실과 모순된다는 것을 밝혀 그 사실을 뒷받침하는 것을 가리킵니다.

그들이 이토록 조용한 것은 더 큰 음모를 꾸미고 있다는 반증이기 때문이다.

그에 비해 방증은 직접적인 증거는 아니지만 간접적인 증거가 되는 사실을 가리킬 때 쓰는 말입니다. 쉽게 말해 '드러내는', '보여주는' 등과 같은 의미로 이해할 수 있지요. 그렇기 때문에 '방증'이라는 명사형보다는 '방증하다'라는 동사형으로 자주 쓰인다는 것도 두 단어를 구분하는 기준이 될 수 있습니다.

이때 쓰이는 한자 방傍은 '(중심이 아닌) 곁'이라는 의미를 지니고 있어서 간접적인 증거가 되는 사실이라는 의미를 뒷받침합니다. 텔레비전 방송에서 발언권 없이 단순히 곁에서 듣는 사람을 방청객이라고 하잖아요. 이 단어를 같이 떠올리면 더 쉽게 기억할 수 있습니다.

'돌이킬 반(反)'이 쓰인 단어	'곁 방(傍)'이 쓰인 단어
반대	방청
위반	방조
반발	근방
반전	수수방관
	방약무인

자, 저는 이렇게 활용해 볼게요. "사람들은 여러분이 어휘력이 부족해서 이 책을 읽는다고 생각할 수 있지만, 사실은 오히려 어휘력

에 관심이 높다는 것에 대한 ②반증이라고 생각해요. 이 생각에 대한 ①반증은 아마 찾을 수 없을걸요?"

이렇게 비슷해 보이지만 사용하는 맥락이 다른 단어의 뜻을 잘 이해하고 알맞게 사용하는 것이야말로 어휘력과 문해력이 뛰어나다는 사실을 방증할 수 있을 거라 확신합니다!

문해력이 쑥쑥, 한 줄 요약

반증은 반영하는 증거 또는 반대되는 증거,
방증은 (마치 방청객처럼) 간접적으로 보여주는 증거

증거 증(證)과 관련된 단어

■ **확증(確證)**

확실히 증명함. 또는 그런 증거.

■ **검증(檢證)**

검사하여 증명함.

■ **실증(實證)**

확실한 증거. 실제로 증명함. 또는 그런 사실.

■ **입증(立證)**

어떤 증거 따위를 내세워 증명함.

■ **논증(論證)**

옳고 그름을 이유를 들어 밝힘. 또는 그 근거나 이유.

■ **물증(物證)**

『법률』 물적(物的) 증거를 줄여 이르는 말.

■ **심증(心證)**

『법률』 재판의 기초인 사실 관계의 여부에 대한 법관의 주관적 의식 상태나 확신의 정도.

얼굴빛을 일컫는
다양한 표현들

반색 정색

● 심혈心血
마음 심心과 피 혈血을 합친 말로 '마음과 힘'을 의미합니다. 주로 '심혈을 기울이다', '심혈을 쏟다', '심혈을 바치다'처럼 '아주 많은 노력을 하다'라는 뜻을 표현할 때 비유적으로 씁니다.

신문 기사는 숨 가쁘게 돌아가는 우리 사회의 단면을 골고루 비춰줍니다. 하루에도 수천 건씩 기사들이 쏟아지고 있지요. 종이 신문이 아닌 인터넷 신문으로 기사를 접하는 요즘은 특히 기사의 얼굴이라고 할 수 있는 표제 작성이야말로 클릭 전쟁에서 살아남는 데 가장 중요한 요소가 되었습니다. 단어 몇 개로 이루어진 단 한 줄의 문장으로 독자의 선택을 받아야 하기 때문에 기자들이 가장 심혈*을 기울여 작성하는 부분인 것이죠. 그중에서도 저는 다음 표제에 100점을 주고 싶네요.

굿 바이 '거리 두기' … 시민 '반색'·전문가 '정색'

이 표제는 말에 리듬을 주는 요소인 압운押韻, 즉 라임(rhyme)이 있는 반의어를 활용해서 기사의 내용을 효율적이고 압축적으로 제시하고 있기 때문입니다. 그 중심이 되는 단어, 찾으셨지요?

🖋 반색: 매우 반가워함. 또는 그런 기색.

㉠ 할머니는 놀러 온 외손자를 반색을 하며 안았다.

🖋 정색(正色): 얼굴에 엄정한 빛을 나타냄. 또는 그런 얼굴빛.

㉠ 그는 웃지도 않고 정색으로 대꾸를 하였다.

여기서 특이한 점 발견하셨나요? 바로 '반색'은 순우리말이고 '정색'은 한자어라는 것입니다. 그 근거는 어원에서 찾아볼 수 있는데요, '반색'이라는 단어는 '반색하다'라고 활용되는데 '반색하다'의 옛말인 '반싴ㅎ다'는 19세기 문헌에서부터 나타납니다. 이 단어는 한자어 '반싴'과 'ㅎ다'가 결합한 말로 '반싴'은 'ㆍ'의 음가 소멸과 20세기 초 현대 맞춤법에 따라 '반색'으로 표기되었고, 'ㅎ다'도 현대 맞춤법에 따라 '하다'로 바뀌어 현재의 어형으로 정착되었습니다.

참고로 두 단어는 얼굴빛이라는 상의어 아래 존재하는 하의어입니다.(☞64쪽) 또 다른 하의어로 마음속에 느낀 것을 얼굴빛으로 드러내는 '내색'이 있습니다. '그는 싫어하는 내색을 감추지 않았다.'와 같이 쓰이지요. '뜻밖의 일에 얼굴빛이 변할 정도로 놀람'을 나타내는 고사성어인 아연실색啞然失色에서의 '실색' 역시 얼굴빛의 하의어입니다.

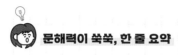

문해력이 쑥쑥, 한 줄 요약

반색은 반가워하는 얼굴빛, 정색은 그렇지 않은 얼굴빛입니다.

단어에도 위계가 있다, 상의어와 하의어

다음 단어들을 둘로 나눈다면 어떻게 나눌 수 있을까요?

귤, 바나나, 딸기, 과일, 참외, 자두, 복숭아

다양한 기준이 있을 수 있겠지만, 저는 '과일'과 나머지 '귤, 바나나, 딸기, 참외, 자두, 복숭아'로 구분해 보았습니다. 이렇게 나누면 한 단어의 의미가 다른 단어의 의미를 포함하거나 반대로 포함되는 특성이 드러나는데요, 단어의 이러한 의미 관계를 **상하 관계**라고 합니다. 이때 다른 단어를 포함하는 '과일' 같은 단어를 **상의어(상위어)**, 다른 단어에 포함되는 '귤', '바나나', '딸기' 등과 같은 단어를 **하의어(하위어)**라고 하지요. 상하 관계를 형성하는 단어들은 상의어일수록 일반적이고 포괄적인 의미를 나타내며, 하의어일수록 개별적이고 한정적인 의미를 나타냅니다.

이처럼 인간의 사고가 드러나는 가장 기본적인 단위라고 할 수 있는 단어들의 의미 관계를 정확히 이해하고 활용한다면 더욱 풍부한 언어생활을 할 수 있답니다.

차이를 알면
글의 핵심이 보인다!

불법 개설 약국, 위법 사실 공표된다 … 공포 1년 뒤 시행

인터넷 기사를 읽다 보니 이런 기사 제목이 있네요. 와, 이건 그냥 넘어갈 수 없죠! 우리의 문해력 승부욕을 자극하는 제목입니다. 공표와 공포, 무언가 널리 알린다는 의미를 지닌다고만 생각했을 텐데요. 이 두 단어는 구체적으로 어떤 차이가 있을까요?

✎ **공포(公布):** ① 일반에게 널리 알림. ② 법령·예산·조약 따위를 일반 국민에게 널리 알림.

㉠ ① 선생님께서 시험 날짜를 공포하셨다. ② 국가 정책을 공포하다.

✎ **공표(公表):** 세상에 널리 알림.

㉠ 새 학설이 공표되다.

없을 무無에 방해할 방妨으로 '방
해하는 것이 없다', 한마디로 '괜찮
다', '상관없다'라는 뜻입니다. 이 두
단어와 바꿔 쓰더라도 '무방'하지
만, 조금 더 공적이거나 어딘가에
공표하는 글로 표현해야 할 때 '무
방하다'를 쓰면 좋겠죠?

짐작대로 공포와 공표 모두 '대중에게 널리
알린다'라는 기본 의미가 있습니다. 다만 공포
는 ②의 뜻으로 인해 법적 효력을 지닌 경우에
쓸 수 있습니다. 일반적인 정부 입법 절차는 이
'공포' 단계에서 최종적으로 마무리됩니다. 그에
비해 공표는 여타의 법률적 효력은 딱히 없이 단순히 많은 대중에게
사실을 알리는 행위를 말합니다. 따라서 일반적 맥락에서 여러 상황
에 두루 쓰일 수 있는 단어는 '공표'라고 보아도 무방*하겠네요. 그럼
다음과 같이 사용해도 괜찮겠지요.

오늘부터 다이어트를 하겠다고 가족들에게 공표하였다.
"시험 성적을 올리겠다고 공표한 걸 보니 공부를 좀 했나 본데?"

즉 대중에게 '공표'한 것과 법적 절차에 따라 '공포'한 것은 다릅
니다. 예를 들어 법률안이나 대통령령안은 관보에 게재되어 공포되
어야 비로소 각각 법률, 대통령령으로 성립하는 것입니다.

이제 맨 앞에 있던 기사의 내용을 확인해 봅시다. 불법 개설된
약국의 실태를 파악해서 위법 사실이 확정된 경우 그 결과를 '공표'
할 수 있도록 한 약사법이 통과되었고, '공포' 1년 뒤 시행하여 의약
품 판매 질서 확립에 기여한다는 내용입니다. 공포와 공표의 차이를
알고 나니 내용이 더 잘 와닿지 않나요? 단어의 의미를 명확히 아는
것만으로도 글을 훨씬 빠르고 정확하게 이해할 수 있습니다.

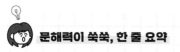

문해력이 쑥쑥, 한 줄 요약

공표는 단순히 널리 알림을 뜻하는 단어,
공포는 법적 효력을 전제한 단어

'공포'와 '공표'의 유의어 살펴보기

■ **공포**

공고(公告): 국가 기관이나 공공 단체에서 일반 대중에게 널리 알림.

공발(公發): 일반에게 공개하여 발표함.

공시(公示): 공공 기관이 권리의 발생, 변경, 소멸 등의 내용을 공개적으로 게시하여 일반에게 널리 알림.

반포(頒布): 세상에 널리 퍼뜨려 모두 알게 함.

■ **공표**

공언(公言): 여러 사람 앞에 명백하게 공개하여 말함.

선언(宣言): 널리 펴서 말함.

표명(表明): 의사나 태도를 분명하게 드러냄.

발표(發表): 어떤 사실이나 결과, 작품을 세상에 널리 드러내어 알림.

점 하나의
방향 차이로

············

제재   제제

이 단어들도 한 번쯤은 뜻을 정리할 필요가 있는 단어들입니다. 흔히 쓰는 말은 아니지만 이 두 단어뿐만 아니라 '재제'와 '재재'까지 네 가지나 맞물려 우리를 힘들게 하기 때문입니다. 심지어 '틀리게 써도 오타처럼 취급되어 다행'이라는 우스갯소리가 있을 정도로 많은 사람에게 혼란을 주고 있는데요. 소리도 표기도 비슷한 이 단어들, 더 이상 헷갈리지 말고 정확히 쓰도록 잘 알아둡시다.

🖎 제재¹(制裁): 일정한 규칙이나 관습의 위반에 대하여 제한하거나 금지함. 또는 그런 조치.

📝 제재(制裁)를 가하다.

🖎 제재⁵(題材): 예술 작품이나 학술 연구의 바탕이 되는 재료.

📝 이 연극은 제재가 흥미롭다.

✏️ 제제(製劑): 의약품을 치료 목적에 맞게 배합하고 가공하여 일정한 형태로 만듦. 또는 그런 제품.

📋 국산 혈액 제제가 해외 시장을 공략하고 있다.

국어사전에서 '제재'를 검색하면 모두 다섯 개의 단어가 나오는데 그중에서 가장 자주 쓰이는 두 개를 고르자면 첫 번째와 다섯 번째입니다. 첫 번째 의미부터 살펴봅시다.

대북 제재 위반 전력 북한 선박 11척 … 중국 드나들어

가장 흔히 사용되는 제재의 의미가 아닐까 합니다. 한자 구성을 살펴보면 제재制裁는 두 한자 모두 '마르다'라는 동일한 뜻을 가지고 있습니다. 이때의 '마르다'는 물기를 없앤다는 뜻이 아니라, 옷감이나 재목 등을 치수에 맞게 자른다는 뜻입니다. 따라서 제재制裁는 규칙·관습 등 반드시 지켜야 할 어떤 약속과 행위를 위반함에 대한 금지나 그 조치를 의미하는 것이지요. 그래서 '제재하다'라는 동사로서의 쓰임도 갖습니다.

그에 비해 제재題材는 예술 작품이나 학문 연구의 재료를 가리키므로 동사의 용법 없이 '제재'라는 명사로만 사용됩니다. 한자 구성을 살펴보면 제題는 '표제', '이마', '맨 앞머리'를, 재材는 '재료로 쓰이는 나무·원료'를 나타냅니다.

그래서 국어나 글쓰기 영역에서는 의미를 더 확장적으로 사용

'제재'의 의미		
제재(制裁)	제재(題材)	
막다	소재	글

하여 한 편의 글 그 자체를 의미하는 용법으로도 자주 쓰입니다. 즉 작은 범위에서는 글의 소재를 의미하지만, 확장된 의미로는 글 자체를 의미하기도 해서 맥락에 따라 정확한 뜻을 판단해야 하는 어려움이 있습니다. 아래에서는 한 편의 '글'을 의미하는 용법으로 사용되었습니다.

> … ○○○ 에듀 분석에 따르면 6월 모평 국어 33번 문학 지문에는 EBS 연계 작품이 활용됐다. 2023학년도 수능 국어 15·17번 문항 역시 EBS 교재 제재와 연계됐다. …
>
> 뉴스1, 2023.6.26.

두 가지 경우의 제재를 정확히 이해했다면 다음 단어인 제제製劑로 넘어가 볼게요. 이 단어도 사전을 검색하면 총 네 가지 뜻이 나오는데 일상생활에서 자주 사용되는 것은 없다고 해도 무방합니다. 그나마 쓰는 곳은 의학이나 약학, 생명공학 분야라서 이와 관련된 의미를 알아두면 될 것 같아요.

공급 중단됐던 동물용 혈장 제제, 이르면 올 연말 공급 재개 전망 제제는 특히 의약품을 배합 및 가공해서 특정 효능을 띠도록 만드는 행위를 뜻합니다. 일상생활에서 잘 안 쓰일 만하지요?

따라서 우리는 제제의 의미를 따로 기억해 두되, 제재의 두 가지 의미는 정확히 구분해서 이 중 하나를 상황에 맞게 골라 쓰는 연습을 해보도록 해요.

문해력이 쑥쑥, 한 줄 요약

제재制裁는 막는 것, 제재題材는 소재나 글, 제제製劑는 의약품 배합으로 기억합시다.
재제나 재재는 아주 특별한 경우를 제외하곤 일상생활에서 거의 쓰임이 없어요.

제재(制裁)하다, 제재(題材), 제제(製劑)의 유의어들

- **제재하다**

막다, 저지하다, 제지하다, 제한하다, 규제하다, 제약하다

- **제재**

소재, 글

- **제제**

조제(調劑): 여러 가지 약품을 적절히 조합하여 약을 지음.

'잦다'의
두 얼굴

·············

[잦다]

'잦아들다'와 '잦아지다', 분명 모두 '잦다'에서 온 단어인데 왜 정반대의 의미로 읽히는지 혼란스러웠던 경험이 있을 겁니다. 고백하자면 저도 고등학생 때 이 두 단어를 두고 고민했던 기억이 있어요. 문득 그때 생각이 나서 검색을 해보니, 여전히 그때의 저처럼 이 두 단어를 혼동하는 경우를 많이 찾아볼 수 있었습니다. 결론부터 말하자면 '잦아들다'와 '잦아지다'는 '잦다'라는 같은 형태의 단어에서 출발했지만 두 '잦다'는 같은 단어가 아닙니다. 여기에는 앞서 설명한 동음이의 관계라는 언어적 배경이 깔려 있답니다.

🖉 **잦다¹**: [동사] 거친 기운이 잠잠해지거나 가라앉다.
㉠ 밤새도록 뱃전을 때리던 폭풍우의 세찬 기운은 새벽이 되자 약간 잦았다.
🖉 **잦다³**: [형용사] 잇따라 자주 있다.
㉠ 두 사람 사이에 싸움이 잦다.

사전에서 '잦다'를 검색하면 모두 세 개 단어가 나오는데 그중 혼란을 야기하는(☞239쪽) 것은 1번과 3번입니다.

먼저 '잦다¹'는 동사로서 어떤 것이 잠잠해지는, 즉 횟수가 적어지는 것을 나타내는 단어이고 여기서 '잦아들다'라는 단어가 만들어졌습니다.

   🖋 **잦아들다: 거칠거나 들뜬 기운이 가라앉아 잠잠해져 가다.**

   📧 바람이 잦아들다. 불길이 잦아들다.

반면 '잦다³'는 형용사로서 어떤 것이 자주 있는, 즉 횟수가 많아지는 것을 나타내는 단어이고 여기서 '잦아지다'라는 단어가 나왔습니다.

   🖋 **잦아지다: 어떤 일이나 행위 따위가 자주 있게 되다.**

   📧 그는 요즘 회사에서 일이 많다며 늦게 귀가하는 일이 잦아졌다.

반의(반대 의미) 관계라고까지 볼 수는 없지만, 비교적 상반되는 의미가 있는 두 단어 '잦다'는 서로 동음이의 관계입니다. 이 각각의 단어에서 '잦아들다'와 '잦아지다'가 따로 만들어지다 보니 혼란이 생겨버리는 것이지요. 이에 대한 국립국어원의 질의응답을 참고해 보겠습니다.

Q. '잦다'와 '잦아들다' 모두 '잦'이라는 글자가 들어가는데, 이 둘의 뜻은 전혀 상반되는 그림이니 사용할 때마다 신기했습니다. '잦다'와 '잦아들다'는 서로 어떠한 연관성도 없이 그저 우연히 같은 글자가 사용된 건가요?

A. 동사 '잦다'와 '잦아들다'의 쓰임을 문의하신 것이라면, 동사 '잦다'는 '거친 기운이 잠잠해지거나 가라앉다'를 뜻하고, 동사 '잦아들다'는 '거칠거나 들뜬 기운이 가라앉아 잠잠해져 가다'를 뜻한다는 점에서 상반되는 의미를 보인다고 하기 어려울 듯합니다. '잦아들다'에 쓰인 '잦다'는 표준국어대사전의 '잦다¹'의 쓰임으로 볼 수 있겠습니다.

윗글에서 질문자는 '잦다'와 '잦아들다'가 상반되는 의미로 쓰임을 경험하고 두 단어의 관계를 묻고 있는데요. '잦다'의 품사를 밝히고 있지 않아 어떤 단어를 묻는 것인지가 명확하지 않기 때문에 정확한 질문은 아니지만, 질문의 의도로 짐작건대 동사인 '잦다¹'에서 만들어진 '잦아들다'와 형용사인 '잦다³'에 대한 질문이라고 볼 수 있습니다. 즉 우리와 같은 의구심을 품은 것이죠.

그러나 답변자는 그 의도를 짐작하지 못하고 '잦다¹'과 '잦아들다'의 사전상 뜻을 근거로 상반되는 의미를 보인다고 하기 어렵다고 하고 있습니다. 질문자가 '잦다'를 한 번이라도 검색하고 질문했더라면, 또는 답변자가 사람들이 이 두 단어의 관계를 어떤 면에서 어려

위하고 있는지를 파악했더라면 이렇게 동문서답*이 되지는 않았을 텐데 조금 아쉬움이 남는 질의응답이네요. 참고로 현재로서는 정보가 부족해서 두 '잦다'의 어원적 연관성을 밝히기 어렵다고 합니다.

● 동문서답東問西答
'동쪽을 물었는데 서쪽으로 대답하다'라는 뜻으로 질문과 전혀 상관없는 엉뚱한 대답을 하는 것을 이르는 말입니다. 글자의 순서를 바꾼 '문동답서'도 똑같은 뜻입니다. 참고로 엉뚱한 질문에 현명하게 대답한다는 뜻의 '우문현답'이라는 말도 있지요. 그럼 '현문우답'은 무슨 뜻일까요? 한번 유추해 보세요.

문해력이 쑥쑥, 한 줄 요약

동사인 '잦다¹'와 형용사인 '잦다³'는 소리만 같고 뜻은 다른 동음이의어입니다. 각각에서 '잦아들다'와 '잦아지다'가 나왔으며 서로 상반되는 맥락에서 쓰입니다.

동음이의어로 인한 혼동을 피하려면
어떻게 하면 좋을까요?

아무리 동음이의 관계임을 아는 단어라 하더라도 두 단어가 인접해서 등장하거나 맥락을 통해 짐작하기 어려운 경우에는 당황할 수 있습니다. 따라서 일부러 혼동을 주는 수사적 효과를 의도한 것이 아니라면 글을 쓰는 사람은 되도록 동음이의 관계를 해소해 주는 글을 쓰는 것이 필요합니다.

이를 위한 가장 효과적인 방법은 유의어를 활용해 바꿔 표현해서 혼동을 피하는 것입니다. 다음 문장을 참고해 보세요.

바람이 잦아들면서 **손님들의 방문이** 잦아지고 **있다.**

⑴ 바람이 잠잠해지면서 손님들의 방문이 잦아지고 있다.

⑵ 바람이 잦아들면서 손님들의 방문이 빈번해지고 있다.

하거나
안 하거나

·············

지양   지향

    사람들이 많이 헷갈리거나 자주 틀리는 한글 맞춤법을 알려주는 다양한 정보들을 보다 보면 꼭 등장하는 단어가 '지양'과 '지향'입니다. 그런데 엄밀히 말하면 이들 단어의 활용은 한글 맞춤법의 영역이 아닙니다. 왜냐하면 이 두 단어는 의미에 따라 선택해서 알맞게 사용해야 하는 문제이지, 표기의 맞고 틀림에 관한 영역이 아니기 때문이지요. 즉 '지양'이 쓰이는 맥락과 '지향'이 쓰이는 맥락이 각각 따로 존재한다는 뜻입니다.

  ✏ **지양(止揚)**: 더 높은 단계로 오르기 위하여 어떤 것을 하지 않음.

  📝 상업주의에 대한 지양은 당연하다.

  ✏ **지향(志向)**: 어떤 목적으로 뜻이 쏠리어 향함. 또는 그 의지나 방향.

  📝 그는 출세 지향의 인물이다.

다음은 어떤 사람의 책상 앞에 붙은 글귀입니다. '지양'과 '지향'의 쓰임, 감이 오나요?

〈나의 다짐〉	
1. 나는 폭력을 지양한다. 2. 나는 편견과 선입견을 지양한다.	3. 나는 평화를 지향한다. 4. 나는 지속 가능한 발전을 지향한다.

목록을 보면 '지양'하고자 하는 것과 '지향'하고자 하는 것으로 각각 나뉘어 있어요. 이 두 단어가 어떤 맥락과 연결되는지 확인해 보면, '지양'은 '폭력', '편견과 선입견' 같은 부정적 개념과 연결되어 있고 '지향'은 '평화', '지속 가능한 발전' 같은 긍정적 개념과 연결되고 있습니다.

여기서 우리는 '지양'이 어떤 행동, 방침, 가치를 피하려고 노력하는 것, 즉 좋지 않다고 생각되는 것을 의도적으로 피하려는 경우에 사용되는 표현임을 알 수 있지요. 반면 '지향'은 어떤 행동, 방침, 가치 등을 좋다고 생각해서 그것을 모범으로 삼고 따르려는 것입니다. 즉 어떠한 것을 목표로 삼아 그것을 이루려고 노력하는 행동이나 태도를 의미함을 알 수 있습니다.

일상적인 언어생활에서는 '지향'이 좀 더 자주 쓰이는 듯합니다. '지양'은 상대적으로 덜 쓰이고 어려운 느낌을 주기도 하지요. 그러다 보니 '지양'을 표준국어대사전에서 검색하면 '피함', '하지 않음'으로 순화해서 쓸 것을 권하고 있습니다. 아무래도 지양과 지향은 서로 뜻은 정반대인데 단어가 지닌 소리가 비슷해서 언어유희적 측면으로 의미를 강조하는 효과를 의도할 때에 한해 자주 쓰이는 것으로 보입니다. 다만 표준국어대사전이 제시하는 것처럼 '지양'의 쓰임만 따로 고려해 본다면 쉽게 풀어 쓸 수 있는 상황에서만큼은 순화한 표현을 쓰는 것도 좋겠다는 생각이 듭니다. '폭력을 지양합시다.', '그런 말은 지양하자.'라고 표현하기보다는 '폭력을 쓰지 맙시다.', '그런 말은 하지 말자.'와 같이 표현해 보는 것이죠. 일상 언어생활에서 쉬운 단어가 가진 소통의 힘은 대단히 크니까요.

　단어의 뜻을 정확히 아는 것도 중요하지만, 이번 단어들을 통해 단어들이 결합하는 맥락을 파악해서 뜻을 기억하는 것도 어휘력을 높이는 효과적인 방법임을 이해할 수 있을 겁니다.

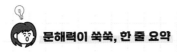

문해력이 쑥쑥, 한 줄 요약

'지양'은 안 하는 것이고, '지향'은 하는 것이고!

다음에 들어갈 단어를 ① 지양, ② 지향 중에서 골라 넣어 보고 그 근거를 설명해 봅시다.

(1) 나는 갈등을 [   ]하고 화합을 [   ]한다.

(2) 나는 건전한 소비를 [   ]하고 과소비를 [   ]한다.

(3) 나는 소모적인 논쟁을 [   ]하고 건설적인 토론을 [   ]한다.

다시,
점 하나의 방향 차이로

·············

재고   제고

훈민정음이 무엇인지 모르는 한국인은 없을 겁니다. 그런데 이 훈민정음이라는 표현에는 두 가지 의미가 있다는 것도 알고 계시나요? 하나는 1443년 세종대왕이 만든 국어 문자로서의 표기 체계를 가리키는 것이고, 다른 하나는 1446년 발간된 책 자체를 가리키기도 합니다. 이 훈민정음에는 전 세계 어느 나라 문자에도 없는 훈민정음만의 독특한 제자製字 원리가 있는데요. 그중 하나가 바로 획을 추가해서 글자를 만드는 원리인 '가획加劃'입니다.

그래서인지 국어에는 점 하나의 차이로 발음과 표기가 비슷한 단어들이 참 많습니다. 당장 생각나는 것만 해도 재기와 제기, 의의와 이의, 주연과 조연 등이 있네요. 이런 단어들 중 재고와 제고의 뜻을 헷갈려 본 경험이 아마도 한 번쯤은 있을 것 같아요. 이 단어들의 뜻, 차이점, 활용법을 차근차근 알아보겠습니다.

✎ 재고(再考): 어떤 일이나 문제 따위를 다시 생각함.

📋 이 문제는 재고의 여지가 없다.

✎ 제고(提高): 수준이나 정도 따위를 끌어 올림. 쳐들어 높임.

📋 국가 경쟁력의 제고가 중요하다.

'다시 재(再)'가 쓰인 단어	'제고하다'와 함께 쓰일 수 있는 단어
재구성	인식, 이미지, 생산성, 효율성,
재판매	경쟁력, 만족도, 수익률 등
재개발	

먼저 '재고하다'는 한자의 뜻을 풀면 '다시(再) 생각(考)하다'라는 뜻입니다. 즉 이미 마련되거나 결정된 것을 다시 한번 검토하는 것을 재고한다고 말합니다.

이때 주의할 점이 있는데, 창고 등에 남아 있는 물품을 의미하는 재고在庫와는 소리만 같고 뜻은 다른 별개의 단어이므로 헷갈려선 안 됩니다. 이 두 단어를 실제로 활용하면 다음과 같이 쓸 수 있어요.

A: "저희 회사 물건을 주문하지 않으시겠다니 회사에 타격이 큽니다.
재고再考해 주시면 안 될까요?"

B: "죄송합니다. 창고에 재고在庫가 너무 많이 남아 물건을 더 받을
수가 없네요."

그에 비해 '제고하다'는 한자의 뜻을 풀면 '끌어(提) 올리다(高)'입니다. 무언가의 수준이나 정도 등을 고조한다*는 의미예요. 그래서 '제고' 대신 비슷한 의미로 '수준이나 실력·기술 따위가 나아짐'의 의미를 가진 '향상'이라는 단어로 대체해서 쓸 수 있는 경우도 있고, 이 말 앞에는 '관심', '인식', '만족도', '필요성'과 같은 단어들이 주로 놓입니다. 다음 표제를 예로 들어볼게요.

경제 활력 제고 초점 15개 법안 개정

경제 활력을 끌어올려 높이는 것에 초점을 둔 15개의 법안을 개정한다는 뜻의 표제가 되겠네요.

그래도 헷갈리나요? 열심히 어휘 공부는 했지만 갑자기 헷갈리는 상황을 대비해서 '제비처럼 제고한다'로 외우면 어떨까요?

● 고조高調하다
원래 '소리(가락)의 높이를 올리다'라는 뜻입니다. 우리는 언제 멜로디의 음을 높일까요? 바로 신이 나거나 감정이 격해질 때일 것입니다. 그래서 이 의미가 확장되어 '사상이나 감정, 세력을 무르익게 하거나 높아지게 하다'라는 뜻이 되었지요.

문해력이 쑥쑥, 한 줄 요약

제고는 제비처럼 하늘로 높이 올라가는 것이고,
재고는 한 번 더 생각해 보는 것이고!

다음에 들어갈 단어를 ① 재고(再考), ② 재고(在庫), ③ 제고(提高) 중에서 골라 넣어 봅시다.

(1) 회사에서 생산성을 [   ]하기 위해 여러 가지 아이디어를 모았다.

(2) 토요일에 비가 온다니, 야구장에 가기로 한 일정을 [   ]해야겠어.

(3) 그는 남은 [   ]를 헐값에 넘겨주었다.

(1)③ (2)① (3)②

기역(ㄱ)이 만드는
딱딱함과 부드러움

. . . .

완고하다   완곡하다

이 두 단어를 보자마자 '맞아! 나 이거 엄청 헷갈렸어!'라고 마음속으로 소리 지른 분 계신가요? 쑥스러워하진 마세요. 여러분만의 일이 아닙니다. 헷갈리는 단어 뜻을 알고자 하는 마음으로 가득한 여러분을 위해 이 책이 존재하니까요!

보시다시피 이 두 단어는 모두 대상의 성질과 상태를 나타내는 형용사의 용법으로 쓰이는 데다 표기까지 비슷하지만, 뜻은 아주 달라서 특히 유의해야 할 단어들이랍니다. 바꿔 쓰면 의미가 완전히 달라지기 때문에 정말 큰일이 날 수도 있습니다.

🖋 완고(頑固)하다: 융통성이 없이 올곧고 고집이 세다.

📋 저 사람은 성격이 완고해서 말이 잘 통하지 않아.

✎ 완곡(婉曲)하다: 말하는 투가 상대의 감정을 상하지 않도록 모나지 않고 부드럽다.

예 그는 나의 요청을 완곡하게 거절했다.

먼저 '완고하다'부터 살펴봅시다.

이 두 단어의 차이는 한자 '완'에서부터 비롯됩니다. '완고하다'의 완頑은 '무디다'의 뜻을 지니고 있어서 대체로 부정적인 것을 묘사하는 단어를 만들어냅니다. 즉 '완악하다(성질이 억세게 고집스럽고 사납다)', '완강하다(태도가 검질기고 의지가 굳세다)', '명완하다(사리에 어둡고 완고하다)', '완둔하다(완고하고 어리석다)'와 같이 유사한 어감을 지닌 단어들과 연관되어 있어요. 참고로 프랑스 루이 10세의 별명이 '완고왕'이었다고 하는데요, 여기서 루이 10세의 고집이 얼마나 센지 짐작할 수 있겠지요.

그에 비해 '완곡하다'의 완婉은 '순하다'라는 의미를 지니고 있어서 다음과 같이 주로 긍정적인 것을 나타내는 단어에 쓰입니다. '완만하다(태도가 의젓하고 부드럽다/가파르지 않다)', '완숙하다(아름답고 겸손하다)', '완순하다(예쁘고 온순하다)', '완려하다(정숙하고 아름답다)'와 같은 유사한 어감을 지닌 단어들과 연관되지요.

어떤 것을 직설적으로 말하지 않고 돌려 말하는 것을 '완곡하게 이르다' 혹은 완곡어법婉曲語法이라고 부르기도 합니다. 그런데 인터넷을 보면 '완곡하다'를 '단호하다'라는 뜻으로 잘못 이해하고 있는 사람들이 꽤 많더군요. 아마 '완고하다'와 뜻을 헷갈린 것 같습니다.

너네 완곡하다 뜻알아?

추천 0   조회 258   22.01.30 20=46   댓글 9

나 지금까지 단호하다라는 의미인줄 알고 2n년 살아왔는데
순화해서 말하다 였음;; 나만 몰랏냐

    둘 다 사람의 성격이나 대상의 상태를 설명하는 형용사이다 보니 비슷한 맥락에서 자주 쓰일 수 있으므로 두 단어의 뜻을 혼동하여 실수하는 일이 없어야겠습니다. '완고한 말투'와 '완곡한 말투'는 달라도 너무 다르니까요!

문해력이 쑥쑥, 한 줄 요약

완고한 것은 고집이 센 것, 완곡한 것은 부드러운 것!

요즘 많이 쓰이는 신조어, 완곡하다?

최근 '완곡하다'의 또 다른 사용법이 있던데, 들어보셨나요?

○○○ 첫 싱글 뮤직비디오 티저 공개, 완곡 기대감 UP

노래의 음원 일부가 공개되어 전체 곡에 대한 기대감이 높아지고 있다는 의미인데 여기서 쓰인 '완곡'은 '완결된 곡 전체'를 의미하는 신조어입니다.

이와 더불어 '완곡하다'는 '전체 곡을 듣다' 또는 '전체 곡을 부르다'와 같은 의미의 신조어로도 폭넓게 쓰이고 있습니다. 사실 그동안은 '완창'이라는 단어가 전체 곡을 부른다는 의미를 담당하고 있었습니다. '완창'도 원래는 판소리 한 마당을 처음부터 끝까지 부르는 일을 가리키는 말에서 그 의미가 확장되었지요. 그런데 완창이라는 말이 너무 옛것 같고 현대에 와서 잘 사용되지 않다 보니 그러한 의미를 비슷하게 가지는 신조어 '완곡하다'가 생긴 모양입니다. 언어의 사용 양상이 아주 다채롭지 않나요?

효도하려다
불효자가 된 사연

············

안갚음 | 앙갚음

우리는 '내리사랑'에 '안갚음'을 하고 있는가

우리말에 '내리사랑'이라는 단어가 있습니다. '손윗사람이 손아
랫사람을 사랑함. 특히 자식에 대한 부모의 사랑을 이른다.'라고 사
전에 풀이되어 있지요. 반의어로는 '치솟다', '치받다' 등에서 볼 수
있듯 위로 향한다는 뜻을 지닌 접두사 '치-'가 '사랑'과 결합한 '치사
랑'이 있습니다. '손아랫사람이 손윗사람을 사랑함'이라는 뜻입니다.
'내리사랑은 있어도 치사랑은 없다'라는 말도 있습니다. 부모가
자식을 얼마나 사랑하는지 가리킬 때 자주 쓰는 표현이지요. 다른 나
라의 언어 표현에는 없는 우리만의 고유한 정서를 담은 소중한 단어
들이라고 생각합니다. 그런데 이 아름다운 '내리사랑'에 '안갚음'을
하고 있느냐니, 이 무슨 해괴한 말일까요? 의문을 해소하려면 '안갚
음'이 무슨 뜻인지 꼭 알고 넘어가야겠습니다.

여러분은 '안갚음'이라는 단어를 보고 가장 먼저 무슨 생각이 들었나요? 아마도 '갚다'라는 단어를 짧은 부정형으로 표현한 '안 갚다'를 떠올렸을 것 같습니다. 하지만 '안갚음'에는 띄어쓰기가 없기 때문에 적어도 '갚지 않다'의 뜻이 아니라는 것을 알 수 있습니다. 그렇다면 이쯤에서 '안갚음'의 사전적 의미를 알아봅시다.

🖉 **안갚음**: ① 까마귀 새끼가 자라서 늙은 어미에게 먹이를 물어다 주는 일. ② 자식이 커서 부모를 봉양하는 일.

🗂 이제는 안갚음을 할 나이가 되었다.

'안갚음'은 ①을 중심 의미로 ②의 의미까지 확장되어 쓰이는 단어입니다. 아마도 이 단어를 처음 본 사람이라면 매우 놀라울 단어일 것 같습니다. '갚지 않다'의 부정 표현이 아니라 별개의 독립된 뜻을 지닌 단어거든요. 더 놀라운 사실은 안갚음을 받는 일을 '안받음'이라고 한다는 것입니다.

'효(孝)'를 가리키는 말	
자식 입장	부모 입장
안갚음: 자식이 부모를 봉양하는 일.	**안받음**: 자식이나 새끼에게 베푼 은혜에 대하여 안갚음을 받는 일.

한편 비슷한 표기 때문에 '앙갚음'을 떠올린 사람도 있었을 거예

요. '안갚음'보다 일상에서 더 많이 쓰이는 단어이기도 하니까요. '앙 갚음'은 쉽게 말해 '복수', '보복'과 같은 의미로 사용됩니다. 이른바 '눈에는 눈, 이에는 이'와 같지요.

✏️ **앙갚음**: 남이 저에게 해를 준 대로 저도 그에게 해를 줌.

📖 기표가 무서워서, 그의 안하무인한 앙갚음이 두려워서 제적을 못 시켰 다는 그런 이야기는 할 수 없을 것이다. 전상국,《우상의 눈물》

"내 아들을 때려?" ⋯ 학폭 가해자 '앙갚음 폭행'한 아버지

앞으로 안갚음과 앙갚음, 이 두 단어의 운명이 어떻게 될지 상상 해 볼까요? 안타깝게도 안갚음의 운명은 비관적입니다. 사어死語, 즉 죽은 말이 될 가능성이 높아 보이기 때문입니다.

첫 번째 이유는 언중의 선택 때문인데요. 굳이 단어 사용 데이터를 조사하지 않더라도 앙 갚음은 상대적으로 자주 쓰는 단어인 반면 안 갚음은 거의 사용되지 않는 단어입니다. 이렇게 언중의 쓰임을 받지 못해 경쟁에서 밀리는 단어 는 머지않아 곧 도태*되어 사어가 될 운명에 처 해집니다.

● 도태淘汰
'도태'도 '안갚음'처럼 구체적인 현 상을 나타내는 중심 의미가 보편적 현상으로 확장된 사례입니다. 중심 의미는 '물건을 물에 넣고 흔들어서 좋은 것만 골라내고 불필요한 것을 버림'이라는 뜻인데, 이 의미가 확 장되어 '여럿 중에서 불필요하거나 무능한 것을 줄여 없앰'이라는 뜻이 되었습니다.

우리는 앞에서 어휘의 변화 양상을 의미의 축소, 확장, 이동으 로 살펴본 적이 있습니다.(☞22쪽) 이때 의미가 변화하는 정도가 아니

라 아예 사라지는 단어들도 있습니다. 혹시 급산急霰이라는 단어를 들어본 적이 있으신가요? 이 단어보다는 같은 뜻을 지닌 싸라기눈이 훨씬 익숙하실 겁니다.

'급산'과 '싸라기눈'은 경쟁 관계로 존재하다가 언중의 선택으로 '급산'은 거의 쓰이지 않는 사어가 되었고, '싸라기눈'은 경쟁에서 살아남아 아직 쓰이고 있습니다. 안갚음도 언중의 선택을 받지 못해 사전에만 실려 있고 쓰이지 않는 사어가 될 가능성이 있습니다.

두 번째 이유는 비슷한 발음 때문입니다. 일단 '안갚음'과 '앙갚음'은 공교롭게도 서로 표기가 비슷한데다 수의적 자음동화로 인해 둘 다 [앙가픔]으로 발음되는 경우 변별력은 더욱 떨어집니다. 그러면 언중은 소통에 혼란을 느끼게 되지요.

자음동화란 어떤 자음이 다른 자음과 만났을 때 서로 유사한 자음으로 동화하는 것을 말합니다. 예컨대 '밥물'은 [밤물]이라고 발음되는데, 이 과정에서 'ㅂ'이 'ㅁ'을 만나 'ㅁ'으로 발음됩니다. '섭리 [섭니 → 섬니]', '국물[궁물]', '인류[일류]'와 같은 단어들도 자음동화의 원리로 발음되는 단어들입니다.

이 자음동화는 대부분 예외 없이 반드시 일어나야만 하는 동화 현상이기에 '필연적 자음동화'라고 합니다. 동화 현상 없이는 발음이 너무 어려워지기 때문이지요.

반면 '수의적 자음동화'는 어떠한 원칙에 근거한 자음동화가 아니라 말하는 사람 마음대로 발음하는 자음동화를 가리킵니다. 예컨대 '옷매무새'의 경우 [온매무새]라고 발음하는데, '옷'의 'ㅅ'이 대표음인 'ㄷ'으로 중화되었다가 'ㄷ'과 같은 위치에서 소리 나는 비음 'ㄴ'으로 바뀌기 때문에 [온매무새]라고 발음합니다.

이때 어떤 사람들은 이것을 [옴매무새]로 잘못 발음하는 경우가 있는데 이러한 발음을 수의적 자음동화라고 할 수 있습니다. 따라서 수의적 자음동화로 인한 발음은 틀린 발음입니다.

수의적 자음동화가 표준 발음으로 인정받지 못하는 이유는 일반적으로 동화 현상이란 같은 위치에서 나는 비음으로 바뀌어야 자연스러운 현상이라고 보기 때문입니다. 같은 위치에서 발음되는 'ㄷ'에서 'ㄴ'으로의 자연스러운 발음 변동과 달리, 'ㄷ'에서 'ㅁ'으로의 발음 변동은 자연스럽지 않다는 것입니다. 즉 자연스러운 [온매무새]를 놓고 굳이 [옴매무새]로 발음할 타당한 이유가 없다는 것이지요.

다시 '안갚음'으로 돌아가 보겠습니다. '안갚음'은 자음동화가 적용되지 않는 [안가픔]이 자연스러운 발음인데, 이를 발음하는 사람 마음대로 [앙가픔]으로 발음한다면 의사소통에 혼란이 발생할 수 있습니다. '부모에게 안갚음을 해야 한다.'라는 문장이 '부모에게 앙갚음을 해야 한다.'라는 문장으로 잘못 이해된다면 엄청나게 큰일이 생기겠지요. 이에 언중은 비슷한 발음으로 혼동할 가능성이 있는 이 두 단어를 두고 '안갚음'의 사용을 기피할 것이고, 이로 인해 안갚음이 사어가 될 가능성이 더욱 높아질 것입니다.

아름다운 전통이 담긴 소중한 우리말 '안갚음'이 사라지지 않도록 하려면 정확히 발음하는 동시에 자주 사용해야 하겠네요. 여러분의 선택은 어떤가요?

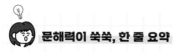 **문해력이 쑥쑥, 한 줄 요약**

'안갚음'은 갚지 않는 것이 아니라 오히려 (부모님의 은혜를) 소중하게 갚는 것입니다.

안갚음과 반포지효(反哺之孝)

안갚음과 관련된 고사성어로 반포지효(反哺之孝)가 있습니다. 반포(反哺)란 까마귀 새끼가 자라서 늙은 어미에게 먹이를 물어다 주는 일을 가리키며, 그러한 효의 모습을 '반포지효'라고 하여 '자식이 자라서 어버이의 은혜에 보답하는 효성'을 말합니다.

2장

문해력 높이기

이해하면 쉽고 유용한 우리말 단어들

물리적 현상에서 찾는
인간의 습성

· · · · · · · · · · · ·

타성

뉴턴의 운동 법칙 중 제1법칙은 관성慣性의 법칙입니다. 물체가 외부의 힘을 받지 않으면 정지하거나 똑같은 속도로 운동하는 상태를 지속하려는 성질을 가리키지요. 보통 질량이 클수록 물체의 관성이 크다고 합니다. 쉽게 말해 한번 움직이면 계속 움직이려 하고, 한번 멈춰 있으면 계속 멈춰 있으려 하는 성질을 관성이라고 말합니다.

자연계의 법칙에 관성이 있다면 인간의 습성에는 타성惰性이 있다고 할 수 있습니다. 실제로 국어사전에서도 타성과 관성을 같이 두고 타성의 물리적 변환이 곧 관성이라고 설명하고 있습니다. 관성이 현상 그 자체를 나타내는 가치 중립적 물리 법칙이라면, 타성은 실제 언어생활에서 어떻게 쓰일까요?

불법 집회에 유독 관대한 경찰, 이제 타성에서 벗어나라

통일부, 남북대화에 젖은 타성 근절해야

🖋 **타성(惰性)**: 오래되어 굳어진 좋지 않은 버릇. 또는 오랫동안 변화나 새로움을 꾀하지 않아 나태하게 굳어진 습성.

📖 타성에 빠지다. 타성에 젖다. 타성에 물들다.

표제와 뜻풀이에서 알 수 있듯이 타성이란 '벗어나야' 하는 것이고 '근절해야' 하는 부정적인 것이네요. 한자도 게으를 타惰를 쓰고 있습니다.

이러한 개념을 예술계의 언어로는 매너리즘(mannerism)이라는 말로 표현할 수 있습니다. 항상 틀에 박힌 일정한 방식이나 태도를 취하는 바람에 신선미와 독창성을 잃는 일을 가리키는데요. '타성(매너리즘)에 빠지다', '타성(매너리즘)에 젖다'와 같이 구조적으로도 완전히 동일하게 활용됩니다.

그런데 생활 용어 수정 보완 고시 자료(문화체육부 고시 제1996-13호, 1996년 3월 23일)에 의하면 '매너리즘' 대신 될 수 있으면 순화한 용어 '타성'을 쓰라고 되어 있습니다. 다만 이 자료가 워낙 오래되어서 현대 언어생활에 딱 맞는다고 보기는 어려울 것 같습니다. 문해력 공부를 하는 우리로서는 두 단어를 모두 익히는 게 좋겠지요!

언어는 많은 사람의 입을 오르내리면서 변화합니다. 변화에는 긍정적 변화도 있고 부정적 변화도 있겠지요. 국어의 부정적 변화에 대응하는 언어 정책을 '국어 순화'라고 합니다. 즉 국어를 순수하고 올바른 언어로 가꾸고자 국어를 쉽고 바르게 다듬는 일입니다. 비속한 말이나 은어·욕설 대신에 고운 말을 쓰는 것, 무분별한 외국어나

'보편'은 '모든 것에 적용되거나 통
한다'라는 뜻이고 '타당'은 '옳다'라
는 뜻입니다. 즉 보편타당은 '모든
일에 적용되거나 통하는 옳은 이치'
라는 뜻이겠지요. '사람이 언젠가
죽는다는 것은 보편타당한 진리다.'
와 같이 사용합니다.

까다로운 한자어 대신에 고유어를 쓰는 것, 틀
린 말을 표준어 및 맞춤법대로 바르게 쓰는 것
을 가리킵니다.

여기서 의구심이 생길 수 있습니다. 언어에
순수한 것과 올바른 것이라는 기준이 있을 수
있을까요? 비속하거나 까다로운 말보다는 곱고 쉬운 말이 더 좋다는
주장에는 동의할 수 있을지 모릅니다. 하지만 그 기준이 보편타당˙한
공감대를 얻을 수 있을까요. 생각처럼 쉬운 일은 아닙니다.

타성과 매너리즘의 관계도 마찬가지입니다. 매너리즘의 순화한
용어로 타성을 제시하고 있는데, 이는 과연 합당한 제안일까요? 한
자어에 좀 더 익숙한 기성세대들이야 매너리즘보다 타성이 더 쉬운
우리말이라고 생각할 수 있겠지만, 한자어보다 영어에 더 익숙한 요
즘 학생들에게는 매너리즘이 더 쉬운 단어일 수 있습니다.

게다가 타성은 타성他姓(다른 성씨)이라는 동음이의어도 존재하
므로 맥락을 보고 의미를 구분해야 하는데, 매너리즘은 그럴 필요가
없지요. 매너리즘이라는 단어가 어떠한 유불리를 내포한다거나 가치
편향적 의미를 담고 있어 지양해야 할 필요가 있는 것도 아니기 때
문에 더욱 그런 생각이 듭니다.

모든 사물에 존재 이유가 있듯이 어떤 단어가 우리 사회에 존재
하는 데에는 모두 그럴만한 이유가 있습니다. 그것이 좀 비속하거나
편향˙적 가치관을 지녀서 우리에게 불편감을 주는 단어라 할지라도
말이죠. 예컨대 우리말에 남아 있는 일본어식 표현이나 영어 번역식

어투도 지양해야 할 표현으로 자주 지적되지만, 이를 매개로 일제 강점기를 겪은 우리 민족의 역사를 인식할 수 있고 한편으로는 점점 서구화되는 문화의 변화도 인지할 수 있습니다. 이처럼 우리 사회의 단면을 거울처럼 반영하고 있는 단어나 표현들이 불러일으키는 반향*을 바라보면서 우리 사회를 성찰하고 긍정적 방향으로 변화시켜 나가는 계기로 삼을 수 있을 것입니다.

따라서 불순함의 기준을 생활 용어 수정 보완 고시 자료와 같이 까다로운 외국어나 한자어 그 자체에 두는 것에는 동의하기 어렵습니다. 물론 어떤 단어가 국어 또는 언어 생활의 질서를 극심히 어지럽히거나, 특정 언중과 언어 공동체에 대한 비하와 차별의 분위기를 조장(☞219쪽)한다면 정책을 마련해 제한할 필요가 있겠지만 말입니다. 그러나 까다로운 외국어나 한자어라도 언어 사용자가 표현하고자 하는 발화 목적에 반드시 필요하다면 존재 가치는 충분히 증명됩니다. 한마디로 타성은 타성만의 의미 가치를, 매너리즘은 매너리즘만의 의미 가치를 지닌다는 뜻입니다.

● 편향偏向
치우칠 편偏에 향할 향向을 써서 '방향이 한쪽으로 치우치다'라는 뜻입니다. 주로 부정적인 의미로 쓰이는데, '그런 편향적인 태도는 옳지 않다', '편향적인 의견은 자제하라'와 같이 쓰여 토론처럼 의견이 갈리는 상황에서 많이 사용합니다.

● 반향反響
반향은 '어떤 사건이나 발표가 세상에 영향을 미쳐 반응이 일어나다'라는 뜻의 단어입니다. '프랑스 혁명은 유럽 전체에 커다란 반향을 불러일으켰다'처럼 쓰이지요.

문해력이 쑥쑥, 한 줄 요약

타성惰性은 벗어나고 근절해야 할 굳어진 버릇입니다.
관성과 매너리즘까지 함께 알아둡시다.

생활 용어 수정 보완 고시란 무엇인가요?

이미 순화된 건설 용어, 식생활 용어, 생활 외래어, 일본어 투 생활 용어
등을 수정 및 보완하여 1996년 문화체육부(현 문화체육관광부)에서 고시
한 자료를 의미합니다. 이 고시는 국민이 해당 용어들을 더 쉽게 이용하
도록 돕기 위해 시행되었습니다. 국립국어원에서는 '새말모임'을 만들
어 어려운 외래어 등을 쉬운 우리말로 순화해서 알리고 있기도 합니다.
순화하고 다듬은 말이 궁금하다면 국립국어원 '공공언어 개선 지원' 누
리집을 참고해 보세요.

무섭고 으스스한 것과는
상관없다

시쳇말

   '시쳇말'이라는 단어를 처음 듣거나 보고 어떤 생각이 드셨나요? 무언가 좀 <u>으스스한</u> 것을 떠올리지는 않으셨나요? 단어가 주는 어감과 예스러운 느낌 때문인지 현대 언어생활에서 자주 쓰인다고는 할 수 없지만, 글을 읽다 보면 종종 나오는 표현입니다. 죽은 몸과는 전혀 상관없는 단어 시쳇말, 그 뜻을 알아보겠습니다.

     ✎ **시쳇말(時體말): 그 시대에 유행하는 말.**

     예 그들이 왜 그렇게 서둘러 결혼했는지 아십니까? 시쳇말로 속도위반을 조금이라도 가리려고 그랬던 겁니다.

   '시체時體 + 말'의 구성으로 'ㅁ' 앞에 'ㄴ' 소리가 덧나므로 사이시옷을 받쳐 적습니다. 발음은 [시첸말]이라고 합니다. 단어의 형태 때문에 흔히 시체屍體, 즉 주검˚이나 송장을 먼저 떠올리게 되지

● 주검
주검은 '죽다'에 -음의 옛말인 -엄
이 결합해서 만들어진 말입니다.
즉 죽음(죽엄)이라는 명사가 곧 죽
은 사람의 몸을 가리키는 주금(주
검)이 된 셈이지요. '무덤' 역시 '묻
다'에 -엄이 결합한 말로, '묻음'이라
는 명사가 곧 '죽은 사람을 묻는 곳'
을 가리키는 단어가 되었습니다.

만 일단 한자부터 다릅니다. 시쳇말은 때 시時
와 몸 체體가 합쳐진 단어로 '그 시대의 풍습과
유행'이라는 뜻의 시체時體에서 나온 말이지요.
즉 '시체'는 유행이고, 시쳇말은 유행어, 요샛말
이 되는 셈입니다. 죽은 몸을 의미하는 시체와
는 반대로 '아주 활발히 사용되는 요즘의 말'을
가리킨다는 것이 흥미롭습니다.

그래서 이 표현 뒤에는 요즘 많이 쓰이는 유행어나 속된 표현들
이 뒤따라옵니다. 또한 유행어나 요샛말이라는 단어가 단독으로 쓰
이는 것과는 달리 이 단어는 주로 뒤에 '로'가 붙어서 '시쳇말로'의
형태로 쓰인다는 것도 함께 알아두면 좋겠습니다. 다음에 제시된 표
제에서 '시쳇말로' 다음에 오는 단어들에 주목해 보세요.

시쳇말로 국방부 시계마냥 촬영 현장의 시계 또한 어김없이 돌아간다.
○○○은 시쳇말로 바지사장에 가까웠다.

'국방부 시계'나 '바지사장(회사 운영에 필요한 명의만 빌려주고 실제
운영자는 아닌 사장)'은 모두 공식적 자리에서 쓰기에는 다소 부적절해
보이는 유행어, 속어의 느낌을 주는 단어들입니다. 그래서 신문 기사
처럼 공적인 성격을 띠는 글에서는 이러한 유행어를 갖다 써야 하는
상황일 때 마치 독자에게 '요즘 유행하는 말 좀 쓰겠습니다.' 하고 미
리 양해를 구하는 듯한 활용을 보여주고 있습니다.

시쳇말과 함께 쓰이며 경쟁하던 동일한 의미의 단어로 '시셋時世말'이라는 말도 있었습니다. 원래 같이 쓰이다가 시쳇말만 남게 되었는데요. 현재는 표준어 규정 제3장 4절 25항의 규정에 따라 시쳇말만 표준어로 인정되고 시셋말은 비표준어가 되었습니다.

표준어 규정 제3장 4절 25항

의미가 똑같은 형태가 몇 가지 있을 경우, 그중 어느 하나가 압도적으로 널리 쓰이면, 그 단어만을 표준어로 삼는다.

그렇다면 이 말은 어디에서 유래했을까요? 시쳇말이 문서에서 처음으로 발견된 시기는 조선 시대까지 거슬러 올라가야 하는데, 바로 영조(1694~1776) 임금 때입니다. 왕권 강화와 경제적 안정을 추구하던 조선 초기를 거쳐, 영조 임금 때에 이르러서는 시장과 교역이 번창함에 따라 백성의 삶이 풍족해지고 시대도 빠르게 변화하고 있었습니다. 이때 1757년 영조 임금이 내린 윤음綸音(국왕이 관인과 인민을 타이르는 내용을 담은 문서)에 바로 '시쳇말'이라는 표현이 나옵니다.

지금의 사치는 옛날의 사치와 다르다. 의복과 음식은 빈부에 따라 각자 다른 것인데 요즘은 그렇지가 않아 한 사람이 하면 백 사람이 따라 하며 시체時體라고 말한다.

● 세태世態
세태는 '사람들의 일상생활이나 풍습에서 보이는 세상의 상태나 형편'이라는 뜻으로, 쉽게 '세상의 상태'라고 할 수 있어요. 단어 자체에는 부정적인 의미가 없지만, 일반적으로는 세상의 부정적인 면을 강조할 때만 씁니다.

한 사람이 하면 백 사람이 따라 하는 것을 '시체'라고 불렀던 것이지요. 현대 사회의 '유행'과 같은 개념인 듯합니다. 영조가 이처럼 자신의 주관이나 의지에 따라 행동하는 것이 아니라 시체를 따라간다며 당시의 풍조를 지적한 것은 사람들이 성리학이 아닌 서학西學(서양의 학문 또는 천주교)에, 한문이 아닌 한글에 관심을 두는 것을 경계했기 때문입니다. 양반 사대부들 역시 이와 같은 세태*를 통렬히 비판했고, 조정은 사치를 단속하는 방식으로 이에 대처했습니다. 그러나 시대의 흐름을 거스를 순 없었고 시간이 흘러 이는 곧 대세가 되었지요. 조선 시대 사람들이나 현대인들이나 시체의 것을 따라 하고 싶은 속마음은 비슷했나 봅니다.

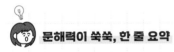

문해력이 쑥쑥, 한 줄 요약

시쳇말은 죽은 말이 아니라 유행하는 요즘 말!

우리 사회의 다양한 언어들

- **유행어**

비교적 짧은 시기에 걸쳐 여러 사람의 입에 오르내리는 단어나 구절.

- **신조어**

새로 생긴 말. 또는 새로 귀화한 외래어.

- **비어**

점잖지 못하고 천한 말. 대상을 낮추거나 낮잡는 뜻으로 이르는 말.

- **속어**

통속적으로 쓰는 저속한 말. 점잖지 못하고 상스러운 말.

- **은어**

어떤 계층이나 부류의 사람들이 다른 사람들이 알아듣지 못하도록
자기네 구성원들끼리만 빈번하게 사용하는 말.

여럿 중에
가장 뛰어난

정선아리랑제 내일 개막 … 길놀이 퍼레이드 압권

🖉 압권(壓卷): 여러 책이나 작품 가운데 제일 잘된 책이나 작품. 하나의 책

이나 작품 가운데 가장 잘된 부분. 여럿 가운데 가장 뛰어난 것.

예 이 작품이 이번 신춘문예에 응모한 작품 중 단연 압권으로 평가되었다.

● 불세출不世出
아닐 불不, 세대 세世, 나올 출出을
써서 말 그대로 '좀처럼 세상에 나
타나지 않을 만큼 뛰어남'을 가리키
는 말입니다. 주로 '불세출의 OO'와
같은 형태로 쓰여요.

무언가 기대감이 차오르게 만드는 단어, 압
권입니다. 압권이란 '여러 책이나 작품 가운데
가장 잘된 책 혹은 작품'을 가리키며, 오늘날에
는 불세출°의 재능이나 실력, 무리 중 월등하게

뛰어난 사람 또는 소설이나 영화 같은 작품에서 가장 인상 깊은 장
면 등을 가리킬 때도 자주 사용하는 단어입니다. 압권을 사전에서 검
색하면 '고대 중국의 관리 등용 시험에서 가장 뛰어난 답안지를 다른

답안지 위에 얹어 놓았다는 데서 유래한다.'라고 설명하고 있습니다. 다만 이런 풀이가 어디에서 유래했는지, 또는 옳은 풀이인지는 정확하게 규명되어 있지 않다고 하네요.

'압권'이란 말이 처음으로 쓰인 책은 송宋나라 진진손陳振孫의 《직재서록해제直齋書錄解題》라고 합니다.

《위남집渭南集》은 당唐나라 위남위 조하가 지었는데, 그중의 압권은 '피리 소리 길게 들리니 사람은 누대에 기대어 섰네.'라는 구절이다.

압권과 비슷한 의미로 쓰이는 단어로는 발군拔群, 걸출傑出, 백미白眉 등이 있습니다. 이 단어들도 함께 알아두면 좋겠습니다.

🖉 **발군(拔群)**: (흔히 '발군의' 꼴로 쓰여) 여럿 가운데 특별히 뛰어남.
㊀ 발군의 실력

🖉 **걸출(傑出)**: 남보다 훨씬 뛰어남. 또는 그런 사람.
㊀ 동생은 아버님의 지혜를 한 몸에 물려받아서 우리 형제 중에 가장 걸출이다.

🖉 **백미(白眉)**: 흰 눈썹이라는 뜻으로, 여럿 가운데에서 가장 뛰어난 사람이나 훌륭한 물건을 비유적으로 이르는 말. 중국 촉한(蜀漢) 때 마씨(馬氏) 다섯 형제가 모두 재주가 있었는데 그중에서도 눈썹 속에 흰 털이 난 마량(馬良)이 가장 뛰어났다는 데서 유래한다.
㊀ 《춘향전》은 한국 고전 문학의 백미이다.

압권과 같은 단어를 알아두는 것이 왜 필요할까요? "여럿 중에 정말 최고야."라고 풀어서 말해도 뜻은 전달이 되는데 말이죠. 그러나 개념을 명사로 표현할 줄 알아야 표현하고자 하는 바를 가장 정확하면서도 간단하게 전달할 수 있습니다.

최근에 특히 명사를 쓰기 어려워하는 사람들이 많습니다. '타성'이라고 표현하면 가장 분명하고 선명하게 전달되는 뜻을 "그거 있잖아. 너무 익숙해져서 굳어버린 그것"이라고 횡설수설하거나 중언부언하는 것이지요. 명사는 대상에 대한 명확한 인식과 사고를 집약한 품사입니다. 따라서 개념을 명사로 표현해 보는 일은 문해력을 높이는 데 매우 중요한 연습 과정입니다.

문해력이 쑥쑥, 한 줄 요약

압권壓卷, 발군拔群, 걸출傑出, 백미白眉는 여럿 중의 최고!

여럿 중에 특출난 존재를 가리키는 표현들

■ **고사성어**

군계일학(群鷄一鶴), 계군고학(鷄群孤鶴), 학립계군(鶴立鷄群),
철중쟁쟁(鐵中錚錚), 낭중지추(囊中之錐)

■ **형용사**

출중(出衆)하다, 절윤(絶潤)하다, 탁월(卓越)하다

유감에 대해
유감입니다

....

유감

(가) 민주, 국회 상임위 줄줄이 취소 … 여당 "대단히 유감"

(나) 경찰청장, 강남 마약 모임서 숨진 강원 경찰관 사건에 유감 표명

'유감'이라는 말만큼 화자(주체)와 상황에 따라 그 의미가 다양하게 해석되는 단어는 없을 것 같습니다. 언어 표현의 모호함으로 볼 수도 있고 함의˚의 다양성이라고 분석할 수도 있습니다. 위의 (가)와 (나)에서 사용된 유감이라는 단어는 같은 단어이지만, 그 의미는 서로 다르게 이해됩니다.

● 함의含意
머금을 함含과 뜻 의意가 결합해서 '말이나 글 속에 들어 있는 뜻'을 가리키는 단어입니다. '사회적 합의'와 '사회적 함의'를 헷갈리기도 하는데요, '사회적 합의'는 '사회적으로 사람들이 합의한 것'을 의미하고, '사회적 함의'는 사회에서 겉으로 드러나 있지는 않지만 구성원들이 속으로 공유하고 있는 의미를 가리킵니다.

(가)는 민주당이 국회 상임위를 취소한 것에 대한 여당의 '불만', '항의'라는 의미가 있습니다. 반면 (나)는 경찰의 수장인 경찰청장이 조직의 구성원이 불미˚스러운 일에 연루된 것에 대해 '사과'하는 의

● 불미不美

불미라는 단어가 낯설거나 생소할 수도 있지만, 한자로 풀어보면 그 뜻이 굉장히 단순합니다. 아닐 불不에 아름다울 미美, 즉 '아름답지 않은 것'을 의미합니다. 단 외모나 겉모습보다는 관계나 사건, 소문 등 형체가 없는 것에 주로 쓰여요.

미가 드러납니다. 두 '유감'은 동음이의어가 아니라 완전히 같은 단어입니다. 그런데 어떻게 상황이나 맥락에 따라 이렇게나 다르게 해석될까요? 이 의문을 풀기 위해 사전을 찾아 본래 뜻이 무엇인지 확인해 보겠습니다. 참고로 유감遺憾은 표준국어대사전에서 '유감'의 네 가지 동음이의어 중 네 번째로 올라 있습니다.

> 🖊 유감(遺憾): 마음에 차지 아니하여 섭섭하거나 불만스럽게 남아 있는 느낌.
>
> 📋 유감의 뜻을 표하다.

우리가 느끼는 혼란스러움에 비해 사전의 해석은 너무 한쪽의 쓰임에 치우친 설명이라는 생각이 듭니다. 사전의 뜻풀이에 따르면 (가)의 의미는 이해되지만, (나)와 같이 사과의 뜻을 전할 때 사용되는 맥락에 대해서는 설명이 되지 않습니다. 그렇다면 무엇부터가 잘못된 걸까요?

'남을 유(遺)'가 쓰인 단어	'섭섭할 감(憾)'이 쓰인 단어
유산	감정적
유언	감회
유전자	

언제부턴가 우리 사회 일각에서 '유감'이 '사과'의 뜻으로 대신 쓰이고 있습니다. 특히 외교나 정치 분야에서 특정한 용법으로 쓰이면서 그러한 쓰임이 더욱 강하게 나타나고 있으며, 최근에는 공적인 상황뿐 아니라 유명인이나 사회 지도층 인사들의 개인적 발언에서도 종종 들을 수 있습니다.

각국이 동등한 위치에서 소통해야 하는 정치 언어의 특징을 고려해 볼 때, 국가 간의 소통에서 감정적인 의미를 담은 '사과', '사죄'와 같은 단어는 잘 쓰지 않는 것이 일반적입니다. 응당 사과해야 할 상황에서도 우회적 표현을 선호하는데, 이런 맥락에서 주로 선택받는 단어가 바로 '유감'입니다.

하지만 일반적인 상황에서의 유감은 사과의 의미로 사용되지 않습니다. 정확히 말하면 '유감'은 상대방의 잘못에 대해 느끼는 감정이지, 자신이 저지른 잘못에 대해 사과할 때 쓰는 말이 아닙니다. 어떻게 보면 잘못을 하긴 했지만 '죄송하다', '미안하다'라고 직접적으로 사과하는 것을 회피하려고 유감이라는 단어를 쓴다는 느낌마저 줍니다.

유감의 한자를 살펴보면 남길 유遺에 섭섭할 감憾을 쓰고 있기에 이러한 의문은 더욱 짙어집니다. 단순히 느낌을 뜻하는 한자인 감感이 아니라 섭섭함이라는 분명한 감정을 뜻하는 감憾이라는 점에서 더욱 그러합니다. 따라서 유감이라는 말은 화자의 미안한 마음을 전하기에 합당한 단어가 아닙니다. 오히려 사태의 본질을 호도하는* 말이라는 생각이 듭니다.

● 호도糊塗하다
'사실을 감추고 흐지부지 넘어가다' 라는 뜻입니다. 한자로는 풀칠할 호糊에 진흙 도塗를 씁니다. 즉 원래는 '진흙이나 풀을 발라서 덮어버리는 것'을 가리키는 말이 진실을 가린다는 뜻까지 확장된 것으로 이해할 수 있겠네요.

(나)의 상황으로 되돌아가서, 조직 내부에서 일어난 문제에 대해 조직의 수장인 경찰청장이 '유감' 아닌 '사과'를 표명했다면 그 진정성이 더욱 느껴지지 않았을까요? 잘못을 인정하고 그 마음을 전하는 것이 반드시 자신이나 자신이 속한 집단에 손해만 되는 것은 아닐 것 같습니다. 오히려 어떠한 경우에는 솔직한 표현에 더욱 마음이 끌리기도 하니까요.

문해력이 쑥쑥, 한 줄 요약

유감遺憾은 불만과 항의의 뜻을 표할 때 쓰고, 사과의 의미로는 외교 분야 같은 특수한 상황에서만 쓰는 것이 적절합니다.

언어는 사회를 반영한다

미국의 언어학자이자 정치학자인 노엄 촘스키는 언어가 권력의 도구로 사용되며, 정치적 메시지와 사회적 통제를 전달하는 데 사용된다고 주장했습니다. 우리 사회에서도 이러한 관점으로 볼 수 있는 단어 표현들이 존재합니다.

예컨대 일본의 후쿠시마 제1원자력발전소에서 바다로 방류한 물을 가리키는 표현은 각 정치 집단의 관점과 이해관계에 따라 '오염수', '처리수', '오염 처리수' 등으로 다양했습니다. 이렇게 지칭을 다르게 하는 이유는 결코 단순하지 않습니다. 각 명칭마다 그들이 의도한 뜻과 메시지가 숨어 있지요.

또한 '살색'이라는 색 표현을 '살구색'이라는 단어로 대체하는 과정을 보면서 우리 안에 암묵적으로 잠재되어 있던 인종차별적 사고를 깨닫기도 합니다. 우리 주변에서 이러한 문제적 표현을 찾아보고 대체할 수 있는 단어를 모색해 보는 것도 아주 의미 있는 일이겠지요?

무뇌한?
무뢰한?

....

문외한

SNS 문외한이 크리에이터로 변신한 이유

한 분야에 매달려 많은 경험과 지식을 쌓은 사람을 전문가라고 하지요. 반대로 그 분야를 제대로 접한 적이 없어 전문적인 지식이 없는 사람을 '문외한'이라고 합니다.

그런데 혹시 본 적이 있으신가요? 한때 인터넷에서 '무뇌한'이라는 표기가 퍼지던 적이 있었습니다. 아마도 문외한의 발음이 마치 당시 유행어이기도 했던 뇌가 없다는 뜻의 무뇌無腦와 같아서 연상 작용으로 잘못된 맞춤법이 더욱 퍼져나갔던 것 같아요. 하지만 이 무뇌한이라는 단어는 사전에 등재되지 않은 '없는 말'입니다. 뜻을 정확히 모르기도 하지만 아예 맞춤법을 잘못 쓰고 있기도 한 단어인 '문외한'을 알아보겠습니다.

문외한(門外漢): ① 어떤 일에 직접 관계가 없는 사람. ② 어떤 일에 전문적인 지식이 없는 사람.

예 ② 문외한 눈에는 똑같은 것 같아도 전문가들 보기엔 천양지차가 있지. 윤흥길,《제식 훈련 변천 약사》

문외한門外漢은 문 문門, 바깥 외外, 한수 한漢을 쓰는 단어입니다. 여기서 '문'은 드나드는 시설이라는 기본 의미에서 더 나아가 '배움터', '사물이 생겨나는 곳'과 같은 의미를 지니며, '한수'란 한漢나라를 의미하는 동시에 '남자', '사나이'를 이르는 말이기도 합니다. 의미를 풀면 '문 밖에 있어 문 안의 사정을 모르는 사람', '배움 밖에 있는 사람'이라는 뜻으로, 어떤 분야에 대한 기본적인 배경지식이나 경험이 부족한 사람을 의미한다고 할 수 있습니다.

이 단어의 유래로 신분이 높아 성문 안에 들어가서 수업을 듣는 양반의 자녀들은 입문한入門漢이라고 부르고, 신분이 낮아 성문 밖에 있어 교육을 받지 못한 사람을 문외한이라고 불렀다는 설도 있더군요.

'문 문(門)'이 쓰인 단어	'한수 한(漢)'이 쓰인 단어
전문가	괴한
명문	치한
가문	무뢰한

● 신장伸張
몸길이(키)를 신장身長이라고도 하지만, 여기서는 '세력이나 권리, 능력을 늘어나게 하다'라는 뜻으로 쓰였습니다. '국력 신장', '인권 신장', '서비스 신장'과 같이 사용하지요. 참고로 넓힐 장張을 길 장長으로 바꾸면 단순히 '길이를 길게 늘리다'라는 의미가 됩니다.

또한 '한'이라는 말로 끝나다 보니 '공부하다', '공부한'처럼 '문외하다'라는 단어에 관형사형 전성 어미가 붙어 '문외한'의 형태가 되는 것으로 오해하는 경우도 있어요. 그러나 문외한은 사람을 가리키는 명사이며 '문외하다'라는 단어 또한 없는 말입니다.

우리는 이제까지 단어를 공부할 때 어감, 사용 맥락 등을 함께 살피며 문해력을 신장* 해 왔습니다. 그렇다면 이 문외한은 어떠한 맥락에서 주로 사용될까요?

(가) 경제 문외한 엔지니어를 경제 수석에 임명한다고?

(나) 70대 문외한의 컴퓨터 입문기

(다) 제가 미술 문외한이라 이 그림에 대해 자세히 설명해 주시면 감사하겠습니다.

우선 특정 분야나 주제에 대해 잘 모르는 비전문가를 지칭하므로 일반적으로 이 단어는 (가)와 같은 상황에서 부정적인 의미로 사용됩니다. 그러나 모든 사람이 모든 주제나 분야의 전문가가 될 수는 없으며 누구나 초보인 상태에서 출발합니다. 따라서 (나)와 같은 쓰임에서는 그 분야에 익숙하지 않은 '초보'의 의미로 쓰이며 이때는 부정적 어감을 지닌다고 볼 수만은 없습니다. 인간은 지속적인 학습과 경험을 통해 지식을 습득하며, 그 과정에서 지식과 지혜가 누적되니까요. 문외한이 잘못이나 부끄러운 것은 아니라는 뜻입니다. 그리고 (다)가 만약 미술에 대해 어느 정도 지식이 있는 사람이 자신보다 더 해박한 지식을 갖고 있는 전문가 앞에서 말하는 상황이라면 그것은 '겸손함'을 표현하는 말이 될 수도 있습니다. 즉 어떤 분야에 대한 자신의 지식 상태를 겸손하게 표현하거나, 자신의 전문 분야가 아닌 사안에 대해 조심스럽게 언급할 때 쓰는 긍정적 어감의 단어로도 이용할 수 있습니다. 다양한 맥락에서 조금씩 다른 어감으로 사용할 수 있는 단어가 바로 문외한입니다.

문해력이 쑥쑥, 한 줄 요약

문외한門外漢은 초보를 가리키지만 부정적 의미만은 아닌, 성장 가능한 학습의 시작점입니다.

'무뢰한'은 뭘까요?

비슷한 발음의 단어로 무뢰한(無賴漢)이 있습니다. '무뢰'라고도 하고 부랑자라고도 합니다. 매우 부정적 뜻을 지닌 무뢰한은 사전에 정식으로 등록된 단어로 다음과 같은 뜻이 있습니다.

△ 무뢰한(無賴漢): 성품이 막되어 예의와 염치를 모르며, 일정한 소속이나 직업이 없이 불량한 짓을 하며 돌아다니는 사람.

예 사병들은 어느 틈에 온순하던 부하에서 폭도들이나 다름없는 일단의 광포한 무뢰한들로 변해 버린 것이었다. 홍성원, 《육이오》

서로 뿔을
잡으려 애쓰다

....

한미일 – 북중러 각축, 정부가 국민 안심시켜야

36살에 '축구계 MVP' 노리는 선수 ⋯ 신예 공격수와 각축

사람과 사람, 기업과 기업, 국가와 국가 등 많은 것이 경쟁적으로 흘러가는 현대 사회의 모습을 한 단어로 나타낸다면 이 단어가 아닐까요? 정치, 경제, 사회, 문화, 스포츠 등 다양한 분야에서 자주 활용되는 단어, 각축角逐입니다.

   🖊 **각축(角逐)**: 서로 이기려고 다투며 덤벼듦.
   📖 10여 개의 팀이 우승을 놓고 각축을 벌였다.

'각축하다', '각축지세', '각축전을 벌이다'와 같이 쓰이는 각축은 뿔 각角에 쫓을 축逐을 쓰고 있습니다. 서로 쫓고 쫓기며 다투고 경

쟁하는 것을 나타내는 단어로, 조금의 양보도 없이 대등하게 승부를 겨루는 형세를 비유적으로 표현하는 말입니다. 이때 '각'이 뿔을 의미하므로 우위를 잡기 위해 짐승의 뿔을 잡아 붙잡는 데서 그 뜻이 유래했다고도 하는데, 한자 자체에도 '다투다', '겨루다', '경쟁하다'라는 뜻이 있습니다.

'뿔 각(角)'이 쓰인 단어	'쫓을 축(逐)'이 쓰인 단어
시각	축자적
삼각형	구축함
두각	축출
총각	각축장

앞선 신문 기사의 첫 번째 표제에서도 한, 미, 일, 북, 중, 러 6개국의 외교적 형세를 표현하는 데 사용하고 있고, 두 번째는 스포츠 분야에서 뛰어난 두 선수의 치열한 경쟁을 나타내는 데 사용하고 있습니다.

이 단어는 중국 전국시대에 활동한 유세가들의 일화와 언행을 모아 엮은 책인《전국책戰國策》에서 그 쓰임이 유래했습니다.

위魏나라의 공자 위모魏牟가 조趙나라를 지나가자 조왕이 그를 영접했다. 조왕은 장인匠人을 시켜 비단으로 모자를 만들고 있었는데, 장인은 손님이 오자 자리를 비켜 주었다. 조왕이 치국의 도리를 묻자

위모가 대답했다.

"대왕께서 이 비단을 중히 여기듯이 나라를 다스린다면 잘 다스려질 것입니다."

조왕은 기분이 언짢아 얼굴에 기분 나쁜 표정을 지으며 말했다.

"선왕께서 과인이 무능한 것을 모르시고 과인에게 국가 대사를 맡기셨습니다만, 내가 어찌 국가 대사를 가볍게 처리하겠습니까?"

위모가 말했다.

"대왕께서는 화내지 마시고 제 설명을 들으시기 바랍니다. 대왕께서는 왜 시종에게 이 비단으로 모자를 만들게 하지 않습니까?"

"내 시종이 모자를 만들 줄 모르기 때문입니다."

"만약 시종에게 모자를 만들게 했는데 잘못 만들면 국가에 무슨 손해라도 납니까? 하지만 대왕께서 반드시 장인에게만 시켜야겠다면서 지금 나라를 다스리는 장인을 모자를 만드는 장인처럼 대우하지 않으시니, 이렇게 하시면 국가는 다른 사람에게 짓밟혀 폐허가 될 것이며 종묘에 더 이상 제사를 올리지 못하게 될 것입니다. 그런데 대왕께선 국가 대사를 정말로 잘 다스릴 수 있는 사람에게 맡기지 아니하고 총애하는 신하에게 맡기셨습니다. 대왕의 선왕께서 서수犀首에게 수레를 씌우고, 마복馬服을 곁말로 세워 진秦나라와 각축을 벌였을 때, 당시 진나라는 그 예봉을 피했습니다. 지금 대왕께서는 마음이 이리저리 흔들려 건신군建信君을 중용하여 강한 진나라와 자웅을 겨루려 하시니, 신은 앞으로 진나라가 왕의 날개를 꺾을까 걱정이 됩니다."

● 중용重用
널리 쓰이는 두 가지 '중용'이 있습니다. 본문의 중용은 '중요하게 사용한다'라는 뜻으로 사람을 중요한 자리에 앉혀 쓴다는 뜻입니다. 한편 중용中庸은 '지나치지도 모자라지도 않고 떳떳하며 변함없는 상태'를 뜻합니다. 주로 덕목이나 태도를 가리키는 말로 쓰이지요.

이 이야기는 《전국책》 〈조책趙策〉에 나오는 이야기로, 건신군이 조나라에서 중용*되자 조나라의 앞날을 걱정한 위모가 조왕에게 충고한 말입니다. 위모의 말 가운데 '대왕의 선왕께서 서수에게 수레를 씌우고, 마복을 곁말로 세워 진나라와 각축을 벌였다.'에서 '각축'이 유래한 것인데, 이를 풀어 보면 '대왕의 선왕께서 서수와 마복군 같은 유능한 사람을 등용하여 진나라와 자웅을 겨루었다.'라고 해석할 수 있겠습니다. 각축은 아주 오래전부터 사용되어 온 유래 깊은 단어임을 확인할 수 있네요.

문해력이 쑥쑥, 한 줄 요약

각축角逐이란 서로의 뿔(상투, 머리)을 잡으려고 대등하고 치열하게 경쟁하는 모습을 나타냅니다.

비슷한 뜻을 가진 고사성어들

■ **호각지세(互角之勢)**

(두 뿔의 크기나 길이에 큰 차이가 없다는 것에서) 역량이 서로 비슷비슷한 위세.

■ **백중지세(伯仲之勢)**

서로 우열을 가리기 힘든 형세.

■ **용호상박(龍虎相搏)**

용과 범이 서로 싸운다는 뜻으로, 강자끼리 서로 싸움을 이르는 말.

■ **난형난제(難兄難弟)**

(누구를 형이라 하기 어렵고 아우라 하기도 어렵다는 것에서) 두 사물이 비슷하여 낫고 못함을 정하기 어려움을 이르는 말.

타는 것 말고
밟는 것

....

전철

지방시대 선포 … "말로만 외치던 전철 밟지 않을 것"

여러분도 어디선가 들어보았을 '전철을 밟다'라는 표현이 있습니다. 혹시 이 전철을 운송 수단으로 잘못 이해하고 있거나 '전처를 밟다'라는 잘못된 표기로 알고 있지는 않은지요? 여기서 쓰인 전철은 타는 것이 아니고 밟는 것이라는 특징이 있습니다. 한 번쯤은 꼭 확인해 보고 싶었던 단어, 전철의 뜻을 알아보고 자주 쓰이는 관용 어구인 '전철을 밟다'의 의미까지 함께 알아둡시다.

✎ **전철(前轍): 앞에 지나간 수레바퀴의 자국이라는 뜻으로, 이전 사람의 그릇된 일이나 행동의 자취를 이르는 말.**

📖 이러한 사실을 전철 삼아 어떤 대비를 취함으로써 오히려 불행을 행으로 돌릴 수 있겠다. 유치환, 《나는 고독하지 않다》

도로가 현대식으로 포장되지 않아 흙길이 대부분이던 과거 시절, 네 발 바퀴가 달린 수레가 지나가고 나면 당연히 바큇자국이 남았을 것입니다. 그 바큇자국을 전철前轍이라고 합니다. 한자 그대로를 해석하면 '앞선 바큇자국'이 되겠네요. 그러므로 '전철을 밟다'라는 표현의 뜻은 앞서간 수레의 바큇자국을 밟는다는 말로 이전 사람의 행동을 따라 함을 의미합니다.

바큇자국 철(轍)이 쓰인 고사성어	
전거복철(前車覆轍)	앞 수레의 엎어진 바퀴 자국이라는 뜻으로, 앞 사람의 실패를 거울로 삼아 조심하라는 의미
당랑거철(螳螂拒轍)	사마귀가 수레를 막는다는 뜻으로, 자신의 힘을 생각하지 않고 함부로 덤비는 것을 의미
철환천하(轍環天下)	수레를 타고 천하를 돌아다닌다는 뜻으로, 주로 정착할 곳 없이 여기저기 떠돌아다닌다는 의미

그런데 이 표현은 특정한 맥락을 수반하고 있기 때문에 사용할 때 주의가 필요합니다. 수레가 옳지 않은 길로 갔을 때, 즉 그릇된 일이나 행동을 가리키는 경우에만 사용되기 때문입니다. 시쳇말로 '흑역사'를 답습하는 일이라고 할까요. 제대로 된 목표 지점이 아닌 잘못된 방향으로 가고 있는 수레바퀴 자국을 따라가는 것은 자신의 행보에 결코 도움이 되지 않겠지요. 따

● 수반隨伴하다
'어떤 일과 함께 생긴다'라는 뜻입니다. '성공은 늘 고통을 수반한다'와 같이 쓰는 식이지요. 단, 함께 생긴다고 해서 모두 수반이라고 하지는 않습니다. 예를 들어 '비를 수반한 태풍이 접근합니다'라고 표현하지는 않아요. 이때는 '동반하다'가 더 자연스럽지요. 단순히 두 일이 함께 일어날 때는 '동반'을, 어떤 일로 인해 관계된 다른 일이 발생할 때는 '수반'을 씁니다. 예문을 많이 보면서 차이를 익혀보세요.

라서 전철을 밟는다는 표현은 앞선 사람의 '잘못된' 일이나 행동을 그대로 좇아 따라 하는 것을 뜻합니다. 반면, 긍정적 의미로 앞선 이의 행적을 따르는 경우에는 '귀감'(거울로 삼아 본받을 만한 모범) 또는 '본보기로 삼는다'라고 쓰거나 '계승한다'라고 표현합니다.

사실 전철은 '전거복철'이라는 고사성어의 줄임말로, '앞의 수레가 넘어지면 뒤의 수레에 경계가 된다'라는 뜻의 복거지계覆車之戒와 비슷한 의미입니다. 복거지계에 얽힌 다음 유래를 읽고 전철의 의미를 생각해 보면 좋겠네요.

전국시대 위魏나라 문후文侯가 중신들과 주연을 하는 자리에서 공승불인公乘不仁을 시켜 주흥을 돋우는 내기를 걸게 했다. "한 번에 들이키지 않는 사람은 큰 대접으로 벌주를 마시게 하는 거요." 그런데 문후가 한 번에 다 들이키지 못했다. 공승불인이 큰 대접에 술을 따라 문후에게 내밀었는데 문후가 받지 않았다. 왕의 시중이 불인을 꾸짖었다. "불인은 물러가시오. 왕께서는 이미 취하셨소." 그러자 공승불인이 말했다. "주서周書에 '앞 수레가 넘어진 것은 뒤의 수레에 경계가 된다.'라고 했습니다. 신하 노릇을 하는 것도 어렵지만 군주 노릇을 하는 것도 쉬운 일이 아닙니다. 지금 왕께서 영을 세워 놓고 지키지 않으면 되겠습니까?" 문후는 옳다고 말하고 그 잔을 받아 마셨다. 잔을 다 마신 다음 문후가 말했다. "공승불인을 상객으로 삼아라."

《설원說苑》〈선설善說〉

이 수레바퀴와 관련된 이야기는 이뿐만 아니라 《한시외전韓詩外傳》, 《순자荀子》 등에서도 나타납니다. 옛사람들의 잘못을 답습하지 않기 위해 선인들이 지녔던 경계의 자세를 엿볼 수 있습니다.

수천 년 전부터 내려오는 이 교훈은 여전히 우리에게 시사하는 바가 큽니다. 앞서간 사람의 발자취를 보며 현재 자신이 걷고 있는 길과 그 방향을 성찰˙하는 것은 잘못을 거듭하지 않기 위해 매우 중요한 과정이니까요.

● 성찰省察
살필 성省과 살필 찰察이라는 같은 뜻의 한자를 연거푸 쓴 단어입니다. '살피고 또 살핌', 즉 '자기의 마음을 반성하고 살핌'이라는 의미로 사용합니다. 단, 남(외부)이 아니라 자신(내부)을 돌아볼 때 쓰는 단어라는 점을 잊지 마세요.

문해력이 쑥쑥, 한 줄 요약

전철前轍은 이전 사람들의 그릇된 행적을 가리킵니다.

실패나 타인의 경험을 거울로 삼는다는 의미와 관련된 고사성어들

▪ **타산지석(他山之石)**

다른 산의 나쁜 돌이라도 자기 산의 옥돌을 가는 데에 쓸모가 있다는 뜻으로, 남의 하찮은 말이나 행동도 자신을 수양하는 데 도움이 될 수 있음을 비유적으로 이르는 말.《시경詩經》〈소아小雅〉에 나오는 말임.

▪ **반면교사(反面敎師)**

사람이나 사물 따위의 부정적인 면에서 얻는 깨달음이나 가르침을 주는 대상을 이르는 말.

우리말에서 가장
맛있는 단어

·············

회자

로봇 복싱 나선 전직 권투선수, 12년 지나도 회자되는 이유

　가장 좋아하는 음식이 무엇인가요? 한국인의 대표 야식 치킨? 언제 먹어도 늘 맛있는 라면? 한식을 사랑하는 분이시라면 김치찌개? 사람들이 좋아하는 음식의 종류는 각기 다양하겠지만, 일반적으로 귀하고 좋은 음식을 고르라면 역시 고기 요리를 들 수 있겠지요. 이번 장에서 배울 단어는 '회자'인데 이게 음식과 무슨 상관이 있냐고요? 회자膾炙는 바로 회와 구운 고기라는 뜻의 단어입니다.

> 🖉 **회자(膾炙)**: 회와 구운 고기라는 뜻으로, 칭찬을 받으며 사람의 입에 자주 오르내림을 이르는 말.
>
> 📖 그 효자의 이야기는 요즘에 보기 드문 미담으로 사람들의 입을 통해 회자가 되고 있다.

● 파생派生
물갈래 파派와 날 생生이 결합한
말로 '큰 줄기에서 갈려 나와 생기
다'라는 뜻의 단어입니다. '유래하
다'와 비슷하지만, '근원이 되는 것'
과 '근원에서 갈라져 나온 것'을 좀
더 명확하게 구분하고 싶을 때 이를
강조하기 위해 파생을 씁니다.

회자는 원래 제사에 올리는 귀한 음식이자 사람들이 즐겨 먹는 고기 음식입니다. 옛날에는 하늘이나 종묘에 제사를 지내고 나면 왕이나 제후가 이 음식을 신하들에게 나눠주기도 했다고 하는데요. 회자의 '회'는 육회, 생선회 등에 쓰이는 한자 회 膾로 얇게 썬 고기를 의미합니다. '자'는 쇠고기 등을 길쭉길쭉하게 썰어서 갖은 양념으로 간을 하고, 꼬챙이에 꿰어서 불에 굽거나 번철(무쇠 그릇)에 지진 음식을 가리키는 산적散炙에 쓰이는 한자이기도 합니다. 고기 구울 자炙를 '적'이라고도 하거든요.

맛있는 음식은 사람들의 입에 자주 오르내리겠지요. 이로부터 '칭찬을 받으며 사람들 입에 자주 오르내림'이라는 사전적 의미가 파생*되었으리라 짐작됩니다. 회자는 단독으로 쓰이기보다는 주로 '회자하다', '인구人口에 회자되다(회자인구膾炙人口)'와 같이 쓰입니다. 이 말은《맹자孟子》의 〈진심편盡心編〉에서 유래했습니다.

공자의 제자였던 증자曾子는 부모님에게 효심이 극진했던 것으로 널리 알려져 있다. 부친이 생전에 대추를 무척 좋아했는데, 부친이 돌아가신 후 증자는 대추를 전혀 입에 대지 않았다고 한다. 이 이야기를 듣고 공손축公孫丑이 맹자에게 "회자膾炙와 대추는 어느 것이 더 맛이 있을까요?"라고 묻자 맹자는 "회자이다."라고 대답하고는 증자가 맛있는 고기는 먹으면서도 변변치 않은 대추를 먹지 않는 것은 돌아가신 부친을 그리는 정이 지극하기 때문이라고 말했다.

그런데 이 표현도 '전철'과 마찬가지로 모든 맥락에서 사용할 수 있는 것은 아닙니다. 전철이 부정적 맥락을 수반하며 사용되는 것에 반해 회자는 긍정적 맥락에서만 주로 사용합니다. 맛있는 음식을 감탄하며 먹듯이, 명성이나 좋은 평판이 입에 자주 오르내리는 대상을 이야기할 때 '회자되다'라고 씁니다. 따라서 부정적 대상과 함께 거론할 때 회자된다고 표현하면 어색해진다는 점을 주의해야 합니다. 다음과 같이 말이죠.

(가) A의 발언은 부하 직원에 대한 마녀사냥이라고 회자되고(?) 있다.
(나) 지난 드라마에서 어색한 연기로 회자되었던(?) B씨가 이번 영화에서는 호평을 받고 있다.

각 표현의 의미 층위
회자되다 ☞ 긍정적
거론되다 ☞ 중립적
구설(입방아)에 오르다 ☞ 부정적

(가)에서는 A의 발언이 '마녀사냥'이라는 부정적 평가를 얻고 있으므로 긍정적 맥락에서 사용하는 '회자되다'와 함께 쓰일 수 없습니다. (나)에서도 B가 '어색한 연기'라는 부정적 평가와 함께 거론되고 있으므로 이 표현과 함께 쓰일 수 없다는 것입니다.

좋지 않은 일로 사람들의 입에 오르내릴 때에는 '구설口舌'이나 '입방아'라는 단어를 써서 '구설(입방아)에 오르다'와 같이 표현합니다. 중립적이고 일반적인 맥락에서는 '거론되다' 정도로 표현할 수 있어요.

문해력이 쑥쑥, 한 줄 요약

회자膾炙는 사람들이 즐겨 먹는 고기 음식, 그만큼 좋은 일로 입에 오르내리는 것을 말합니다.

옥스퍼드 영어 사전에 실린
한국의 음식 관련 단어들

영어 사전 가운데 원조라고 알려진 옥스퍼드 영어 사전(OED. Oxford English Dictionary)을 아시나요? 2021년 이 사전에 새로이 등재된 한국어가 26개라고 합니다. 우리말이 옥스퍼드 영어 사전에 처음 등재된 것은 1976년 kimchi(김치)와 makkoli(막걸리) 등으로, 45년간 총 20개의 단어가 실렸습니다. 그런데 2021년 한 해에만 무려 26개의 단어가 등재된 것이지요. 한국어를 기원으로 한 영단어라니 감회가 새롭습니다. 그중 한국의 음식 문화와 관련된 단어들은 다음과 같습니다.

banchan(반찬)	bulgogi(불고기)	chimaek(치맥)
dongchimi(동치미)	galbi(갈비)	japchae(잡채)
kimbap(김밥)	mukbang(먹방)	samgyeopsal(삼겹살)

한국의 드라마나 예능 등 문화 콘텐츠의 인기가 높아지면서 덩달아 높아진 한국 음식 문화의 위상이 반영된 결과라고 할 수 있겠네요. 이처럼 언어와 문화는 서로 관련성을 맺으며 함께 전파된다는 사실을 알 수 있습니다. 과연 이 다음으로 옥스퍼드 영어 사전에 실릴 우리말은 어떤 단어일지 무척 기대가 됩니다.

눈썹에
불이 붙었다면?

∙∙∙∙∙∙∙∙∙∙∙∙∙

초미

> ··· 가장 강력한 우승 후보인 H선수는 주 종목인 자유형 200m에서
> 세계선수권 2회 연속 메달을 따낸 아시아 최강자입니다. 하지만 H선
> 수의 개인 최고 기록에 0.23초 차로 바짝 따라온 P선수의 기세도 만
> 만치 않습니다. 두 선수가 아시아 기록인 1분 44초 39를 넘어설지도
> 초미의 관심사입니다. ···
>
> YTN, 2023.9.27.

위 글은 수영 대회에 참가하는 H선수의 기록 및 메달에 대한 기
대감을 보여주는 뉴스 보도입니다. 여기서 우리의 시선이 쏠리는 단
어는 '초미'입니다. H선수가 우승해서 금메달을 따낼 수 있을지 초조
한 마음으로 주목하고 있음을 나타내는 단어입니다. 이처럼 사람들의
이목이 집중되는 사회적 이슈를 가리킬 때 '초미의 관심사'라는 표현
을 쓰는데 이는 거의 관용 표현으로 정착되었다고 볼 수 있습니다.

✎ 초미(焦眉): 눈썹에 불이 붙었다는 뜻으로, 매우 급함을 이르는 말.

㉑ 노사 양측의 견해차를 어떻게 좁히느냐가 초미의 관심사이다.

초미焦眉는 초미지급焦眉之急의 준말로, 그을릴 초焦에 눈썹 미眉를 쓰고 있어서 직역하면 '눈썹을 그을리다', '눈썹에 불이 붙다'와 같이 이해할 수 있습니다. 매우 중대하고 긴급한 상황을 가리키는 표현으로 흔히 '발등이 불이 떨어졌다'라는 관용 표현을 쓰는데, 이와 비슷한 의미로 '초미'나 '초미지급'을 쓸 수 있는 것이죠. 눈썹에 불이 붙으면 얼굴 전체로 옮겨붙을 수 있으니 얼마나 위급한 상황이겠어요? 발등에 불이 떨어지는 것보다 더 긴박한˙ 상황이겠지요. 이 단어의 유래는 송나라 때 지어진 《오등회원五燈會元》에서 찾을 수 있습니다.

● 긴박緊迫하다
'매우 다급하고 절박하다'를 뜻하는 말입니다. '긴박하다'의 팽팽할 긴緊은 다른 단어에서도 자주 볼 수 있습니다. '긴절하다(매우 필요하고 절실하다)', '긴청하다(꼭 들어달라고 긴히 부탁하다)' 등이 있는데 각각 '간절하다', '간청하다'와 거의 비슷한 의미의 단어이기도 합니다.

불혜선사佛慧禪師는 고승高僧(덕이 높은 승려)이다. 그의 수행은 당대의 어느 고승보다 뛰어나다는 평을 받았다. 선사는 살아 있을 때 많은 사문沙門*으로부터 많은 질문을 받고 답해 주었다. 어느 날 한 사문이 물었다.

"선사님, 이 세상에서 가장 다급한 상태가 많을 것입니다만, 어느 경지가 가장 다급합니까?"

"그것은 눈썹을 태우는 일이다."

원문 그대로 하면 화소미모火燒眉毛다. 그 말이 소미지급燒眉之急으로 되고, 그것이 다시 초미지급焦眉之急으로 변했다.

* 사문沙門: 불문에 들어가서 도를 닦는 사람을 이르는 말.

이러한 유래를 지니지만 최근에는 의미가 약간 변화한 것으로 보입니다. 원래 의미대로 매우 급한 상황을 나타내기보다는 사람들의 이목을 끄는 관심사, 화제, 이슈 등을 표현할 때 쓰이는 것을 더 자주 볼 수 있습니다. 위급함은 곧 중요함을 의미하므로 자연스러운 의미 변화라고 할 수 있겠네요. 다음 표제를 통해 어감을 익혀보시기 바랍니다.

'킬러문항' 배제 첫 모의평가 … 교육계, 초미 관심

재계약 두고 반복된 설왕설래 '초미의 관심사'

초미지급의 한국 경제

문해력이 쑥쑥, 한 줄 요약

초미焦眉는 눈썹에 불이 붙는 듯한 긴급하고 중대한 일을 가리킵니다.

긴급한 상황을 나타내는 고사성어

■ **누란지위**(累卵之危)

층층이 쌓아 놓은 알의 위태로움이라는 뜻으로, 몹시 아슬아슬한 위기를 비유적으로 이르는 말.

■ **풍전등화**(風前燈火)

바람 앞의 등불이라는 뜻으로, 사물이 매우 위태로운 처지에 놓여 있음을 비유적으로 이르는 말.

■ **백척간두**(百尺竿頭)

백 자나 되는 높은 장대 위에 올라섰다는 뜻으로, 몹시 어렵고 위태로운 지경을 이르는 말.

시간 10분이
아니라고요

·············

~~십분~~

● 고대苦待
괴로울 고苦와 기다릴 대待가 결합해서 '괴로이 기다림'이라는 뜻이 되었습니다. 오랫동안 간절히 기다린다는 의미이지요. 관련된 고사성어로 학수고대鶴首苦待가 있습니다. '고대'와 '학수(학의 목)'를 합쳐 '학처럼 목을 길게 빼고 간절히 기다리다'라는 뜻입니다.

10분은 긴 시간일까요, 짧은 시간일까요? 바쁜 아침 출근이나 등교를 준비할 때에는 순식간에 지나가 버리는 짧은 시간일 수도 있고, 설레는 마음으로 여행 가는 기차를 기다리는 동안에는 커피 한잔할 수 있는 여유로운 시간일 수도 있으며, 오랜 시간 고대˚하던 중요한 발표를 앞둔 순간에는 입이 바싹바싹 마르는 너무도 길고 긴 시간일 수 있겠지요. 10분은 참으로 오묘한 시간입니다.

그런데 시간 단위로서의 10분 말고, 십분이라는 단어가 일상 대화에 쓰이는 경우를 본 적 있으신가요? 진짜 10분은 아닌 것 같은데, 그렇다고 10분에 다른 의미가 있을 것 같지는 않아서 혼란스러웠던 경험 없으신가요?

우리는 겉으로 드러나는 단어의 의미와 그 단어가 지니는 실제 의미 간에 차이가 있을 경우 단어를 이해할 때 크고 작은 오류를 범하게 됩니다. 그 예로 이 십분十分을 들 수 있겠습니다.

🖊 **십분(十分): 아주 충분히**

📺 너의 처지를 십분 이해한다.

십분十分은 시간을 나타내는 10분과 한자도 똑같습니다. 이로 인해 시간 단위를 의미한다고 착각하기가 더욱 쉽지만, 실제 의미는 바로 '넉넉히', '충분히'라는 뜻입니다. 열 십十과 나눌 분分으로 이루어진 이 단어는 10할, 즉 100%를 의미한다고 할 수 있습니다. 여기에서 '아주 충분히'라는 의미가 생겨난 것이죠.

또한 십분에서 나아가 백분百分도 있습니다. 이 역시 시간 100분이 아니라 십분을 과장해서 쓰는 말로 '충성심을 백분 활용하다'와 같이 쓸 수 있습니다.

그런데 이 십분은 유의어인 '충분히' 등을 완전히 대체할 수는 없습니다. 결합되는 말과의 관계가 한정적이거든요. 예컨대,

충분히 먹다 → 십분 먹다(?)

충분히 자다 → 십분 자다(?)

충분히 뛰다 → 십분 뛰다(?)

와 같이 쓰이지는 않는다는 것입니다. 주로 '이해하다', '감안하

다', '발휘하다' 같은 동사와 함께 활용되는데, 상대방이나 상황에 대한 말하는 이의 정중한 진심을 표현할 때 쓰는 특별한 부사라고 할 수 있습니다.

그렇다면 '넉넉히'나 '충분히'처럼 더 자주 쓰이는 쉬운 표현을 두고 왜 군이 '십분'과 같은 단어를 써야 하는지 불만스러운 생각이 들 수도 있겠어요. 특히 최근에 글은 최대한 쉽게 써야 한다는 사회적 분위기가 있어서 이러한 생각을 더욱 부추길 수 있습니다. 그럼에도 불구하고 우리가 다양한 단어를 골라 써야 하는 이유를 두 가지만 얘기하고 싶습니다.

먼저 단어 표현의 다양성과 내용의 진정성에 대해 얘기할 수 있겠습니다. 같은 말이라도 '아 다르고 어 다르다'라는 우리말 속담이 이를 보여준다고 할 수 있어요. '너의 상황을 충분히 이해해.'라고 표현할 수도 있지만 '너의 상황을 십분 이해해.'라고 표현할 때 우러나는 화자의 감정은 분명히 다르답니다. '십분'이라는 단어가 주는 힘이지요. 의미를 훨씬 정확하게 전달할 수 있는 건 물론이고요. 일부러 어려운 말을 골라 쓰라는 것이 아닙니다. 우리는 어떤 상황을 가장 정확하고 진실하게 전달할 단어를 골라 쓸 권리와 능력이 있다는 것이지요.

두 번째 이유는 어휘력과 문해력을 높이는 방법이 단어의 다양한 활용이기 때문입니다. 우리가 사용하는 어휘에는 크게 이해(수용) 어휘(receptive vocabulary)와 표현(사용) 어휘(expressive vocabulary) 두 가지가 있습니다. 이해 어휘는 말 그대로 화자가 그 뜻을 알고 있는 어휘이고, 표현 어휘는 화자가 직접 꺼내어 말하거나 쓰는 어휘입니다. 인간이 언어를 습득하는 과정을 생각해 보면, 영유아 시기에 다양한 언어적 자극을 제공하는 타인(주로 보호자)을 통해 어휘가 이해 어휘로 먼저 받아들여집니다. 그 뒤 반복적인 언어 경험과 의도적인 노력을 하면서 표현 어휘로 발전합니다.

일반적으로 사람이 실제로 사용하는 어휘의 양은 이해하고 있는 어휘의 양의 30%라고 합니다.(☞142쪽) 그만큼 우리는 알고 있는 모든 단어를 꺼내 쓰지 않습니다. 알고 있는 어휘들이 다양하더라도 직관적으로 쓸 수 있는 단어들만 꺼내어 쓰죠. 대부분은 쉽고, 편하고, 단순한 일상 어휘가 중심이 됩니다. 보통은 알고 있는 단어 중 빠르게 꺼내 쓸 수 있는 단어만을 제한적으로 사용하는 경향이 있으니까요.

이렇게 쓰이지 않은 채 묻혀 있는 단어들은 한때 큰 기쁨으로 차려졌으나 결국 게으른 집주인의 냉장고에서 꽝꽝 언 채 세월을 보내는 개업 떡의 운명과도 같습니다.

그러나 어휘력과 문해력 신장의 관건˙이 바로 여기에 있습니다. 내가 알고 있는 이해 어휘를 가능한 한 많이, 풍부하게 표현 어휘까지 이어지도록 하는 거죠. '십분'과 '충분히'를 모두 배운 화자의 머릿속에는 이 두 단어 모두 이해 어휘로 저장되어 있습니다. 그러나 의미를 표현할 상황에서 매번 '충분히'만 꺼내어 쓰고 십분

● 관건關鍵
원래 '문빗장과 자물쇠'를 아울러 부르는 말입니다. '이 문에는 관건 장치가 없다'처럼 썼지요. 이 의미가 확장되면서 '어떤 사물이나 문제를 해결할 때 가장 중요한 것'을 뜻하는 단어가 되었습니다. 문을 열 때 가장 중요한 것이 바로 잠금장치니까요!

이라는 단어는 한 번도 꺼내어 쓴 적이 없다면, 십분은 그저 이해 어휘로 머물 뿐 세상 밖으로 나올 기회를 얻지 못하는 것입니다. 빛을 보지 못한 채 이해 어휘로만 평생을 머무는 단어의 운명은 너무나 비극적이지 않을까요? 표현되지 않는 어휘는 죽은 어휘일 뿐입니다.

문해력이 쑥쑥, 한 줄 요약

십분十分은 시간 10분이 아니라 100%를 의미하는 말!

이해 어휘와 사용 어휘에 관해 좀 더 알아볼까요?

자기가 직접 쓰지는 못해도 그 의미나 용법을 알고 있는 어휘를 이해 어휘라고 하고, 수동적 어휘, 획득 어휘라고도 말한다. 말하거나 글을 지을 적에 사용이 가능한 어휘를 사용 어휘라고 하며 능동적 어휘, 발표 어휘라고도 말한다. 일반적으로 사용 어휘의 양은 이해 어휘의 3분의 1 정도가 아닐까 하고 추정되고 있다.

김광해,《국어 어휘론 개설》

어깨를
대어 봅시다

·············

비견

이번에 알아볼 '비견하다'라는 단어는 우리 몸의 특정 부위와 관련이 되는 단어입니다. 여기서 문제를 내볼게요. 우리가 어떤 것의 크고 작음, 좋고 나쁨 등을 견줄 때 과연 어떤 신체 부위를 대어 판단할까요? 손? 머리? 발바닥? 상상력을 발휘해 보세요.

🖉 비견(比肩)하다: 서로 비슷한 위치에서 견주다. 또는 견주어지다.
㉔ 흔히 설악산과 금강산을 비견한다.

정답은 바로 '어깨'입니다. 어깨가 어디인지는 잘 아시지요? 팔과 몸통이 이어지는 곳에서 목 아래에 이르는 등판 위쪽의 넓은 부분을 가리킵니다. 사실 한자를 살피면 그 답이 바로 나오는데요. '견주다'라는 의미를 지닌 비比와 어깨 견肩으로 구성된 단어이기 때문입니다.

그러면 왜 우리는 견준다는 의미를 어깨로 표현하고 있는 걸까요? 우리말에는 신체 부위나 장기 등을 활용한 표현이 많은데요. 어깨를 활용한 관용어를 살펴보면 우리가 신체 부위인 어깨를 언어적으로는 어떻게 이해하고 비유하는지 알 수 있습니다.

어깨가 으쓱거리다.
뽐내고 싶은 기분이나 떳떳하고 자랑스러운 기분이 되다.
☞ 자신감

어깨가 가볍다 / 무겁다.
무거운 책임에서 벗어나거나 그 책임을 덜어 마음이 홀가분하다.
무거운 책임을 져서 마음에 부담이 크다.
☞ 책임감, 의무감

어깨가 올라가다 / 처지다.
칭찬을 받거나 하여 기분이 으쓱해지다.
낙심하여 풀이 죽고 기가 꺾이다.
☞ 기분, 의욕

관용 표현을 통해 우리는 어깨를 사람의 '자신감', '책임감', '기분'과 같은 의미로 사용한다는 것을 알 수 있습니다.

그래서 견주고 비교하는 것을 어깨라는 한자가 들어간 '비견하다'라는 단어로 표현하고 있지요. 피동의 형태인 '비견되다'라는 형태로도 자주 쓰입니다. 다음 표제에서는 AI(인공지능)를 핵무기에 빗

대어 규제 방안을 논하고 있는데, '비견되다'라는 단어를 사용해서 AI의 위험성이나 존재감이 핵무기만큼이나 위력적임을 나타내고 있습니다.

핵무기에 비견되는 AI 규제 방안은?

또한 재미있는 것은 영어에서도 백중세[*]의 대등한 경쟁 상태를 신체 부위인 목(neck)을 활용하여 'neck and neck'이라 부른다고 합니다. 왜 하필 목인가 하면, 경마에서 말들이 서로 엇비슷하게 달리고 있을 때 말의 목이 앞서거니 뒤서거니 하는 모습에서 유래한 말이라고 해요. 동서양 언어 문화의 유사성을 볼 수 있는 부분이네요. 사람의 생각과 상상력은 다 비슷한가 봅니다.

● 백중세伯仲勢
'서로 우열을 가리기 힘든 형세'라는 뜻의 단어입니다. 같은 의미로 흔히 '박빙의 승부'라는 말을 쓰기도 하지요. 이 말은 원래 중국의 고사성어인 백중지세伯仲之勢인데, 여기서 우리말로 '~의'처럼 조사 역할을 하는 지之가 빠지고 지금과 같이 '백중세'라고 쓰게 되었습니다.

문해력이 쑥쑥, 한 줄 요약
'비견하다'는 어깨를 견주어 비교해 보는 것!

신체 부위와 관련된 단어와 표현들

◢ **복장(腹臟): 가슴 한복판**

예 복장을 긁다, 복장이 터지다, 복장을 뒤집다 등

◢ **애: 창자**

예 애타다(애가 타다), 애끓다(애가 끓다), 애끊다 등

◢ **부아: 폐**

예 부아가 나다, 부아가 치밀다, 부아가 끓다 등

◢ **슬하(膝下): 무릎 아래**

예 부모님 슬하에서 벗어나다 등

할 일 없는 게
아닙니다

....

하릴없다

하릴없이 너를 기다린다

이 표현을 들으면 어떤 장면이 떠오르시나요? 특별히 '할 일 없이' 누군가를 마냥 기다리는 모습? 아니면 짝사랑하는 사람의 집 앞에서 '어쩔 도리 없이' 기다리는 모습? 관건은 '하릴없이'라는 말을 어떻게 해석할지에 달려 있는 것 같네요.

혹시 아이돌 그룹 2AM이 2010년에 발표한 〈전화 받지 않는 너에게〉라는 노래를 아시나요? 오래된 노래인데도 제가 아직 이 노래를 기억하고 있는 이유는 바로 '하릴없이'가 노랫말에 들어가기 때문입니다. 작사가가 정성 들여 고른 듯한 이 단어가 무척 인상적이었습니다. 노랫말에 쉽게 쓰이지 않는 단어이다 보니 좀 더 시적詩的으로 느껴지고, 전체적인 분위기와 어울려 노래 속 주인공의 짝사랑을 잘 표현해 주는 듯해요. 과연 이 단어의 뜻은 무엇일까요?

✏️ 하릴없다: ① 달리 어떻게 할 도리가 없다. ② 조금도 틀림이 없다.

📖 ① 중요한 물건을 잃어버렸으니 꾸중을 들어도 하릴없는 일이다.

② 비를 맞으며 대문에 기대선 그의 모습은 하릴없는 거지였다.

예상했던 뜻과 같은가요? 일상에서는 사전에 나와 있는 두 가지 뜻 중에서 주로 ①의 뜻으로 더 많이 사용됩니다. 노랫말에서도 이 의미로 쓰였고요. ①의 뜻으로 쓰일 때는 '속절없다', '불가피하다'와 비슷하게 쓰이고, ②의 뜻으로 쓰일 때에는 '틀림없다', '영락없다', '간데없다'와 비슷한 쓰임새를 보입니다.

발음이 비슷해서인지 많은 사람이 '할 일 없다'와 자주 혼동합니다. 혹시 여러분도 그러지 않으셨나요? 그러나 '할 일 없다'는 세 단어로 이루어진 구句의 형태이고, '하릴없다'는 띄어쓰기가 없는 한 단어입니다. '일'과는 전혀 상관없는 단어입니다. 실제로 인터넷을 검색해 보면 '하릴없다'의 활용형인 '하릴없이'를 '할 일 없이'의 의미로 쓴 것으로 짐작되는 문장들이 많습니다.

하릴없이(?) 서성이는 학생을 가출 학생으로 보고 접근 …

하릴없이(?) 떠나는 여행이 주는 행복감 …

위 문장들은 맥락상 '달리 어떻게 할 도리가 없이'로 쓰였다기보다는 '할 일 없이'의 뜻으로 쓰였다고 했을 때 의미가 더 잘 통합니다. 즉, '하릴없다'를 잘못 이해하고 활용형으로 오용˙한 것 같아요.

이처럼 뜻은 다르지만 발음이나 표기가 비슷한 단어들이 많아 사람들이 혼란을 겪곤 합니다.

뜻은 다르나 발음이나 표기가 비슷한 단어들
반드시 / 반듯이
붙이다 / 부치다
앉히다 / 안치다
지그시 / 지긋이

그럼 '하릴없다'에서 '하릴'은 무엇인지 궁금해질 수 있는데요. 우리와 비슷한 의문을 품은 사람이 국립국어원 온라인 가나다에 질문을 했지만 "'하릴없이'의 역사 정보가 따로 남아 있지 않아 이 말의 유래 등을 알 수가 없다."라는 답변이 달렸습니다. 그렇다면 '하릴'은 독립적으로 쓰이거나 다른 단어에 붙어 또 다른 단어를 만들어내는 기능은 하지 못하고 오직 '하릴없다' 형태로만 쓰이는 비자립 어근일 가능성이 있습니다. 비자립 어근에 대해서는 150쪽을 참고해 주세요.

● 오용誤用
그릇될 오誤와 쓸 용用이 결합한 단어로, '잘못 사용함'이라는 뜻입니다. 비슷한말로는 '알맞지 않게 (나쁘게) 사용함'을 의미하는 악용 惡用이 있습니다. 뜻은 비슷하지만 오용은 의도하지 않은 경우에도 쓸 수 있고, 악용은 의도한 경우에만 주로 쓴다는 차이가 있습니다.

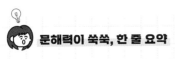

'하릴없다'는 할 일이 없는 것이 아닙니다!

비자립 어근이란 무엇일까?

비자립 어근은 국어 문장에서 홀로 쓸 수 없는 어근을 가리키는 말입니다. 예를 들어 '보슬비'는 '보슬'과 '비'가 결합한 단어로, '비'는 단독으로 쓰일 수 있고 '비옷' 등과 같이 다른 단어의 한 어근이 될 수 있지만 '보슬'은 다른 단어와 결합할 수 없고 그 자체로도 홀로 쓰이지 못해 단어라고 볼 수 없습니다. 단지 '보슬보슬'처럼 어근이 중복되어 부사로 쓰이거나 '보슬거리다'처럼 접미사가 붙어 다른 말로 파생되는 정도일 뿐이지요. 즉, '보슬비'의 '보슬'은 자립적으로 쓰이지 못하고 다른 말이 합쳐져야만 단어로 쓰일 수 있는 어근이라는 것입니다. '깨끗하다'의 '깨끗', '시원하다'의 '시원', '긁적거리다'의 '긁적'도 마찬가지입니다. '하릴'도 '하릴없다'에서만 쓰이고 있으므로 다른 말과 결합하거나 홀로 쓰일 수 없는 어근, 즉 비자립 어근으로 보아도 무방할 듯합니다.

진작해야 하는 것과
진작 해야 하는 것

....

진작하다

이번 장에서 다룰 단어 '진작하다'는 완전히 다른 단어인 부사 '진작'과 혼동을 일으킬 수 있어 주의가 필요합니다.

'진작하다'는 2019학년도 대학수학능력시험 국어 영역의 32번 어휘 문제로 출제되어 수험생들에게 '멘붕'을 가져다준 화려한 전적이 있는 단어입니다. "처음 들어봤다.", "뭘 진작 한다는 거냐."와 같은 반응이 이어졌습니다.

---

32. 문맥상 ⓐ~ⓔ와 바꿔 쓴 것으로 가장 적절한 것은?

① ⓐ: 진작(振作)할
② ⓑ: 고안(考案)했다
③ ⓒ: 소지(所持)한
④ ⓓ: 설정(設定)했다
⑤ ⓔ: 시사(示唆)되어

✏️ 진작(振作)하다: 떨쳐 일어나다. 또는 떨쳐 일으키다.

📖 사기가 더욱 진작하다.

'진작하다'의 한자를 살펴보면 떨칠 진振과 지을 작作의 결합으로 이루어져 있습니다. '~가 진작하다', '~을 진작하다' 두 가지로 모두 쓸 수 있습니다. 1993년 〈행정용어 순화 편람〉에서는 이 단어를 다소 어려운 한자어로 판단하고 대신 '떨치다', '북돋다', '북돋우다' 등을 쓸 것을 권장하고 있기도 합니다.

순우리말을 이용하여 좀 더 쉽게 글을 써야 하는 상황에서는 이들 단어를 활용하는 것이 좋겠지만, 이러한 권고와 무관하게 '진작하다'는 정치·경제·문화 등을 다루는 글에서 자주 등장하는 단어이므로 그 뜻을 정확히 알아두는 것은 필요합니다.

신문 경제면에서 특히 많이 보이는 관련 표현은 '내수 진작'인데요. '내수'란 국내 수요의 줄임말로 국내에서 소비하고 투자하는 것들의 총합을 가리킵니다. 따라서 '내수 진작'은 국내 수요를 키워 국가 경제를 활성화하는 활동을 말합니다.

'떨칠 진(振)'이 쓰인 단어들	'지을 작(作)'이 쓰인 단어들
진동	작품
진흥	작용
부진	시작

그런데 이 단어를 잘 알고 있다고 생각하고 잘못 쓰는 경우가 있습니다. 바로 부사 '진작'과 관련된 단어라고 오해를 하기 때문이지요.

🖉 진작: 좀 더 일찍이. 주로 기대나 생각대로 잘되지 않은 지나간 사실에 대하여 뉘우침이나 원망의 뜻을 나타내는 문장에 쓴다.

예 진작 그렇게 하지 그랬어.

사전의 정의에 잘 나와 있듯이 부사 '진작'은 순우리말 단어로, 주로 지나간 일에 대한 후회를 담은 화자(필자)의 심리 상태를 표현할 때 사용할 수 있습니다. 문어 및 구어*를 막론하고 일상생활에서 자주 쓰이기 때문에 이 단어를 모르는 사람은 많지 않을 겁니다.

● 문어文語와 구어口語
문어는 일상적인 대화가 아닌 글에서 주로 쓰는 말을, 구어는 반대로 일상 대화에서 주로 쓰는 말을 가리킵니다. 문어는 '글말', 구어는 '입말'로 기억해 보세요.

문제는 일상에서 흔한 단어이기 때문에 '진작하다'와 '진작'이 같은 어원의 단어라고 쉽게 오해하는 상황이 생긴다는 것입니다. 그러나 둘은 별개의 단어이므로 이 기회에 정확히 구분해서 이해하도록 합시다. 다음 표제를 통해 단어 활용의 감을 익혀보세요.

공무원 사기 진작을 위한 조례 추진

김영란법, 추석 선물 30만 원까지 … "진작 바꿔주지" 화색 도는 업계

위 표제는 공무원의 사기를 북돋을 새로운 조례를 만들고자 한다는 내용이니 '떨치다', '북돋는다'라는 뜻의 동사 '진작하다'가 쓰인 사례입니다. 반면 아래 표제는 법을 좀 더 일찍 바꿨다면 좋았겠다는 내용이므로 '일찍이'라는 의미의 부사 '진작'이 쓰인 사례네요. 이제는 헷갈릴 일이 없겠지요?

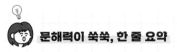

문해력이 쑥쑥, 한 줄 요약

'진작하는' 것과 '진작'은 완전히 다른 말입니다.

국어기본법과 행정용어 순화 운동

우리나라에 국어에 관한 법, '국어기본법'이 제정되어 있다는 것을 아시나요? 2005년 1월 27일 국어의 사용을 촉진하고 국어의 발전과 보전의 기반을 마련하기 위해 제정된 국어 관련 법률로, 2005년 1월 27일 법률 제7368호로 공포되어 2005년 7월 28일부터 시행되고 있습니다. 국어기본법에 따라 모든 공문서는 어문 규범에 맞춰 한글로 작성해야 합니다.

국어기본법에는 일본어의 잔재나 지나치게 어려운 표현들을 순화하는 내용도 포함됩니다. 이에 정부가 주도한 행정용어 순화 운동의 일환으로 1980년대부터 1990년대까지 4차례에 걸쳐 〈행정용어 순화 편람〉이 발간되었습니다. 이 편람에서 '객담'은 '가래'로, '누가기록하다'는 '보태 적다'로, '박피율'은 '깐밤'으로, '신병인수'는 '사람 넘겨받음'으로 순화했습니다. 당시의 관점에서 바꾼 표현들이라 지금은 조금 낯선 표현들도 있지만, 관공서의 문서가 일반인에게 좀 더 쉽게 다가가야 한다는 원칙이 적용된 것이라고 할 수 있습니다.

1998년부터는 그간 추진된 성과로 행정용어 순화가 정착됐다는 이유에서 이전처럼 정부가 주도적으로 각 부처나 기관을 대상으로 순화 대상 용어를 모으는 일은 없어졌다고 합니다. 이제 행정용어 순화는 대체로 부처마다 자율적으로 이루어지고 있어 이 운동은 이제 추억으로 남게 되었네요.

이것도
우리말 맞나요?

·············

핍진하다

'핍진하다', 인터넷에서 이 단어를 검색하면 "사십 평생 처음 들어 본 단어라 SNS에 기록한다."라는 글이 있더군요. 그만큼 우리말인데도 외국어 같은 느낌의 단어라 막상 이 단어의 뜻을 모른 채 글에서 접하면 아주 당황하게 될 거예요. 문맥으로 대충 짐작할 수 있는 단어들도 있는가 하면 도저히 뜻을 추론하기 힘든 단어도 있는데, 이 '핍진하다'는 후자에 속하는 단어일 것으로 생각됩니다.

> 🖉 핍진(逼眞)하다: ① 실물과 아주 비슷하다. ② 사정이나 표현이 진실하여 거짓이 없다.
> 예 그 작가의 필치는 생동하고 표현은 핍진하다.

'진실과 가까운 정도'를 의미하는 핍진성(verisimilitude)은 라틴어의 진실(verum)과 같은(similis)에서 파생된 단어입니다. 핍진逼眞

의 한자 구성을 보면 닥칠 핍逼에 참 진眞으로 이루어져 있습니다. '진실된 것에 가까이 가다' 정도로 해석할 수 있겠습니다. 따라서 두 단어 가운데 참 진眞에 의미의 핵심이 있다는 것을 기억해 두면 좋겠지요.

예스러운 문장이라 이해가 좀 어려울 수 있지만, 시간을 조금 거슬러 올라가 《정조실록》에 나와 있는 쓰임새를 살펴볼게요. 그림을 실물과 아주 비슷하게 그리기가 어려움을 얘기하는 과정에서 '핍진'이라는 단어가 등장합니다. 아주 오래전부터 쓰던 단어라는 것을 알 수 있습니다.

> 대저 진상眞像을 그림에 있어 핍진하게 하기가 가장 어려운 것이다. 가령 대면해서 모사模寫한 칠분의 진본眞本이라 할지라도 털 하나 머리카락 하나가 어긋나지 않기를 바라기는 어려운 것인데 ….
>
> 《정조실록》

최근에도 다음과 같은 작가의 인터뷰에서 이 단어가 아주 적절하게 사용되며 작가의 생각을 잘 드러내 주었네요. 단어로 승부를 거는 소설가다운 인터뷰라는 생각이 듭니다.

"늘 핍진하게 쓰고 싶어요"
… 소설 속 인물들에게 있어서 직장은 또 다른 의미를 갖는다. 바로 '현실성'이다. "저에겐 늘 핍진하게 쓰고 싶다는 욕구가 있어요. 이야

기를 쓰면서 인물을 그리다 보면 뭐로 벌어먹고 사는지에 대해선 말 하게 되는 것 같아요." (하략*)

뉴시스, 2023.7.8.

● 하략下略
생략省略은 아시다시피 '전체에서 일부를 줄이거나 빼다'라는 뜻입니다. 이 말 못지않게 중략中略이라는 말도 많이 들어봤을 겁니다. 중략은 글이나 말의 중간 일부를 줄인다는 뜻이에요. 그럼 하략은 뭘까요? 글이나 말의 아랫부분을 줄이는 것이겠지요. 비슷한말로는 후략後略이 있습니다. 상략上略, 전략前略 역시 윗부분 또는 앞부분을 줄이는 것을 가리킵니다.

과거 정조실록에서부터 현대 소설가까지 나만 빼고 다 쓰는 것만 같은 '핍진하다', 그 쓰임새가 이해되시나요? 한번 이해해 두면 여러모로 언어생활에 도움이 될 단어입니다. 중요한 것은 이해하지만 말고 꺼내어 쓰기, 실천하실 거죠?

'닥칠 핍(逼)'이 쓰인 단어들	'참 진(眞)'이 쓰인 단어들
핍박	진실
강핍	사진

문해력이 쑥쑥, 한 줄 요약

'핍진하다'는 참(眞)된 것을 가리키는 말입니다.

문학에서의 '핍진성(逼眞性)'

문학 작품의 텍스트에 대해 신뢰할 만하고 사실적이라고 독자에게 납득시키는 정도를 문학 용어로 핍진성이라고 합니다. 한마디로 '현실적으로 있을 법한' 것인지에 대한 판단이라고 할 수 있습니다. 작품 내적인 논리성(인과 관계 등)을 따지는 개연성(蓋然性)과는 비슷하면서도 조금 다른 개념입니다.

　핍진성은 문학 비평에서 매우 중요한 요소로 여겨집니다. 이 개념이 작품의 깊이와 세심한 묘사를 이해하는 데 도움을 주기 때문입니다. 따라서 핍진성이라는 기준은 문학 작품을 읽을 때 작품 속 세계가 얼마나 다채롭게 표현되었는지, 작가가 얼마나 정교하고 깊이 있는 이야기를 만들어냈는지를 판단하는 데 사용될 수 있습니다.

'독이 든 성배'를 마시고
'수명이 줄어든' '감독'?

....

감수하다

'독이 든 성배聖杯'라는 비유를 아시나요? '독'은 우리 생명에 해害가 되는 것을 뜻하고, '성배'는 신성한 술잔을 의미합니다. 의역하자면 '해가 되는 것을 알지만 (기꺼이) 받아들이고자 하는 대상'이라고 할 수 있겠습니다. 즉 어떤 비난이나 위험을 받아들이며 어려움을 감당하는 것을 가리킵니다.

예컨대 인기는 매우 많지만 성적이 신통치 않은 스포츠 클럽의 감독을 맡는다든지, 큰 어려움에 처한 집단이나 공동체의 수장에 오른다든지 하는 경우에 이러한 비유를 자주 씁니다. 이 '독이 든 성배'라는 비유를 일상적으로 쓰는 한 단어로 설명해 보자면 동사 '감수甘受하다'로 표현할 수 있을 것 같네요.

"최선 다하고 있어 … 질책은 감수하겠다" 이○○ 감독

🖉 감수(甘受)하다[1]: 책망이나 괴로움 따위를 달갑게 받아들이다.

예 어떠한 비난이라도 감수하겠다.

'감수하다'의 대상으로는 '불편', '위험', '고통', '부담', '희생', '손실' 등과 같은 단어들이 옵니다. 좋지 않은 것을 기꺼이 참아낸다는 의미가 있기 때문이지요. 그러나 이런 단어들이 단지 부정적인 것만을 의미하지는 않습니다. 어려움을 참아내는 일이 결과적으로 긍정적 의미가 있을 때 '감수하다'라는 단어의 진정한 뜻이 발휘된다고 할 수 있어요. 예시로 든 표제에서도 '감수하다'는 승리할 것이라는 긍정적 기대를 담고 그에 따른 질책을 기꺼이 받아들인다는 의미가 내포되어 있습니다.

그런데 사전에서 '감수하다'를 검색하면 한자 구성이 각기 다른 단어가 무려 10개나 나옵니다. 마치 동음이의어의 늪처럼 느껴지는데요. 그중 사용 빈도가 비교적 잦은 의미 두 가지를 더 알아두면 좋겠습니다.

🖉 감수(減壽)하다[5]: 수명이 줄다.

예 그것참! 그런 인력거꾼 두 번만 만났다가는 마구 감수하겠다.

　　채만식, 《태평천하》

🖉 감수(監修)하다[10]: 책의 저술이나 편찬 따위를 지도하고 감독하다.

예 그 책은 각계각층의 전문가들이 직접 감수했으므로 믿을 만하다.

'감수減壽하다'는 '수명이 줄다'라는 뜻인데 '십년감수하다'라는 말로 주로 사용됩니다. 이때의 '감수하다'를 먼저 배운 '감수甘受하다'와 혼동하면 안 됩니다. '십년감수하다'는 말 그대로 '(어떤 놀랍거나 어렵거나 위험한 일로 인해) 십 년이라는 세월의 수명이 줄어들 뻔하다'라는 의미이지, 십 년의 세월을 기꺼이 받아들인다는 뜻이 아니니까요. 아래 표제에서 용례를 확인해 보세요.

오토바이 앞에 '불쑥' … 운전자 십년감수

자주 쓰이는 세 번째 단어 '감수監修하다'는 서적의 겉표지에서 본 적이 있을 겁니다. 예를 들어 학생들이 주로 읽는 학습 만화의 경우 일단 작가들이 내용을 그리고 쓴 다음, 교수나 박사 등 해당 분야의 전문가가 내용상의 오류나 왜곡이 없는지 검토하는 단계가 있습니다. 이러한 단계를 '감수'라고 합니다. 최근 많이 늘어나고 있는 역사, 경제, 정치 분야 등의 교양 다큐멘터리도 방송 프로듀서가 프로그램을 만들고 각 분야의 전문가에게 내용 검토를 의뢰하는 경우가 많은데 이런 것도 감수입니다.

문해력이 쑥쑥, 한 줄 요약

문해력이 높아지려면 '감수'라는 단어의 동음이의어적 특성을 감수**甘受**해야겠지요.

'감수甘受하다'의 유의어

⚐ 견디다: 사람이나 생물이 일정한 기간 동안 어려운 환경에 굴복하거
나 죽지 않고 계속해서 버티면서 살아 나가는 상태가 되다.

예 참고 견디면 좋은 날도 오겠지?

⚐ 감내(堪耐)하다: 어려움을 참고 버티어 이겨내다.

예 고통을 감내하다.

⚐ 감당(堪當)하다: 능히 견디어내다.

예 고통을 감당하다.

이 제안을 고사하면
저는 고사합니다

·············

> 고사하다

은행연합회 차기 회장 후보군 선정 … ○○○ 회장은 고사

✎ **고사(固辭)하다**[6]: 제의나 권유 따위를 굳이 사양하다.

📋 출마하라는 주위의 권유를 끝내 고사하다.

● **가늠하다**
55쪽에서 '가름하다'를 살펴봤는데, 이 말 역시 발음이 비슷하지요? '가늠하다'는 '목표나 기준에 맞는지 헤아리다'라는 뜻과 '사물을 어림잡아 보다'라는 뜻이 있습니다.

'사양하다', '거절하다'라는 단어만 알던 어린 시절의 제가 처음으로 거부의 의미를 '고사하다'라는 단어로도 표현할 수 있게 되었을 때가 생각납니다. '고사하다'를 사용할 때의 맥락을 머릿속으로 가늠해˙ 보면서 사고의 폭을 확장해 나갈 수 있었지요. 단어 하나를 더 알게 된다는 것은 단순한 어휘력 향상만을 의미하는 것이 아니라 문해력과 사고력의 확장을 기대할 수 있다는 점에서 중요합니다.

'고사하다'의 한자 구성을 보면 군을 고固와 말씀 사辭로 이루어져 있습니다. 직역하면 '딱딱한 말', '굳이 하는 말' 정도가 될까요? 딱딱하게 굳이 하는 말은 어떤 제안을 호의적으로 수용한다는 의미라기보다 거절한다는 의미일 경우가 많겠지요. 즉 '사양하다', '거절하다' 등과 유사한 뜻이지만, '고사하다'는 좀 더 공식적인 제안을 정중하게 거절할 때 사용하는 것이 적절합니다.

거절하거나 사양하는 대상에는 제한이 없으므로 가벼운 거절부터 진지한 의미의 거절까지 모두 가능합니다. 그러나 '고사하다'의 대상은 맨 앞 예문에도 나와 있듯이 '(선거 등에 출마하는 것을) 고사하다', '(감독, 회장, 대표 등으로 영입하고자 하는 제안을) 고사하다'와 같이 공식적 맥락에서 정중함을 내포한다는 것을 알아둬야 합니다.

그렇다면 왜 굳이 쉬운 표현인 '거절하다', '사양하다'를 두고 '고사하다'를 쓸까요? 일부러 어려운 말을 써서 상대방을 곤란하게 만들려는 의도는 아닐 거예요. 그 이유를 추측해 보자면, 누구나 공감하다시피 거절은 하기도 쉽지 않고 받아들이는 입장에서도 불편한 것인데요. 이럴 때 정중함과 격식의 의미를 담고 있는 '고사하다'를 쓰면 거절하는 당사자의 미안함이나 안타까움 등의 진심을 담을 수 있다는 유용함이 있습니다. '고사하다' 앞에 '끝내', '굳이', '결국' 같은 부사 수식이 자주 나타나는 것만 봐도 잘 알 수 있지요.

물론 단순히 한자어라서 격식을 담고 있다는 것은 아닙니다. '거절하다'와 '사양하다'도 한자어이니까요. '고사하다', '거절하다', '사양하다' 모두 유의어의 범주 안에서 조금씩 다른 의미를 지니고 있으므로 상황에 맞게 골라 쓰면 된다는 사실을 말씀드리고 싶습니다.

'고사하다'를 사전에서 검색하면 12개의 다른 단어가 나오는데, 이 중 보편적으로 사용되는 의미 두 가지를 추가로 알아볼까요? 먼저 '말라 죽다'라는 의미를 지닌 '고사하다'는 문장에서 어떻게 쓰이는지 확인해 봅시다.

점차 사라지는 한라산 구상나무 고사 원인 조사 확대

✎ **고사(枯死)하다**[7]: 나무나 풀 따위가 말라 죽다.

📋 폭염에 초목들이 견뎌 내지 못하고 고사하고 말았다.

이 경우는 '마르다'라는 의미의 고枯에 죽음을 나타내는 사死가 쓰입니다. 식물이 물이 없어 말라 죽게 되는 것을 '고사하다'라고 표현하는 것이지요. 사실 순우리말인 '말라 죽다'가 좀 더 이해하기 쉬워 보이지만, 간결성을 추구하는 표제나 제목에서는 명사로 표현할 수 있는 '고사'를 좀 더 즐겨 사용하는 편입니다.

그런데 이 '나무 등이 말라 죽다'라는 뜻을 비유적으로 쓰면서 의미가 확장되기도 했습니다. 즉 어떤 대상이 타격을 입고 더 이상 존재하지 않을 상황에 처해서 제 구실을 하지 못할 때 '고사하다'라고 표현하기도 합니다. 한마디로 '손쓸 수 없을 정도로 망가지거나 사라질 위기에 처하다'라는 뜻으로도 쓰이는 셈이지요. 다음 두 표제에서 사용된 '고사'의 의미와 어감을 느껴보시기 바랍니다.

상표 침해 인정됐지만 … 끝없는 소송전에 피해업체 고사

무전공 입학 추진에 … "학생 선택권 확대" vs "기초학문 고사"

한편 또 다른 '고사하다'는 '어떤 기대에 미치지 못함'을 나타내는 의미로도 자주 쓰입니다. 그 형태가 조금 독특한데, '-은(는) 고사하고'와 같이 사용됩니다. 다음 글에서 의미를 파악해 봅시다.

… 상황이 이렇게 되자 밭떼기로 넘기지 못한 농가는 배춧값을 건지는 것은 고사하고 밭을 정리하기 위해 또다시 비용을 들여야 할 형편이다. …

농민신문, 2024.1.5.

🖉 **고사(姑捨)하다[5]: 어떤 일이나 그에 대한 능력, 경험, 지불 따위를 배제하다. 앞에 오는 말의 내용이 불가능하여 뒤에 오는 말의 내용 역시 기대에 못 미침을 나타낸다.**

㉝ 1등은 고사하고 중간도 못 가는 성적이다.

이렇게 보니 많이 들었던 표현이지요? 그래서 이 '고사하다'는 '통일은 고사하고(+전쟁이 걱정된다)', '결혼은 고사하고(+연애도 힘들다)', '경제적 자유는 고사하고(+경제적 독립도 어렵다)' 등과 같이 쓰이면서 앞에는 기대와 희망의 대상이 되는 단어들이 오고, 그 뒤로는 앞의 대상보다 더 기대치가 떨어지고 열악한 것이 이어집니다.

문해력이 쑥쑥, 한 줄 요약

고사固辭하는 것은 정중한 거절을, 고사枯死하는 것은 말라 죽거나 없어짐을, 고사姑捨하는 것은 기대에 미치지 못함을 나타냅니다.

'고사(固辭)하다'의 유의어

- **거부하다**

요구나 제의를 받아들이지 않고 물리치다.

- **거절하다**

상대편의 요구, 제안, 선물, 부탁을 받아들이지 않고 물리치다.

- **사양하다**

겸손하여 응하거나 받지 아니하다. 또는 남에게 양보하다.

- **사절하다**

요구나 제의를 받아들이지 않고 사양하여 물리치다.

- **새치부리다**

몹시 사양하는 척하다.

묘한 멋이
깃든 단어

....

> ### 반추하다

인간의 일생에서 어휘력이 가장 급증하는 시기는 아마도 유아기일 겁니다. 세상을 점점 알아가며 어휘를 습득해 가는 어린이는 그 어떤 국어학자보다도 언어에 높은 호기심을 갖고 있겠지요. 이처럼 어휘가 폭발적으로 증가하는 1차 시기가 있다면, 그다음으로 어휘의 확장이 찾아오는 2차 시기는 언제쯤이 될까요?

개인적인 경험으로 비춰보면 고등학생이 되어 국어 수업 시간에 다양한 제재를 읽으면서 일상 언어생활에서는 쉽게 접할 수 없었던 여러 고급 어휘들을 익힐 수 있고, 그로 인해 어휘 그 자체에 관심과 열정이 치솟는 것 같아요. 유년

● 양질良質
좋을 량良에 바탕 질質을 써서 '좋은 바탕이나 품질'을 의미합니다. 하지만 이 단어를 '양(물량)과 질(품질)'을 의미하는 것으로 오해하는 사람이 많은 것 같아요. 양과 질을 묶어 부르는 단어는 따로 없다는 사실을 알아두세요!

기가 아무것도 없는 백지 상태에서 어휘를 차곡차곡 쌓아나가는 시기였다면, 청소년기는 어휘들의 다양한 의미 관계 속에서 양질*의 어휘를 대상으로 깊이와 넓이를 확장해 가는 시기라고 할 수 있겠습니

다. 지금도 그때 배운 백미白眉, 창궐猖獗, 압권壓卷 같은 단어들이 주던 강렬한 인상과 그런 단어를 실제 말과 글에서 꺼내어 쓰던 순간의 쾌감이 생생합니다. 그때 알게 되어 지금까지 인상 깊게 기억하고 있는 단어 가운데 '반추하다'를 소개해 보겠습니다.

> 🖊 반추(反芻)하다: ①『동물』한번 삼킨 먹이를 다시 게워 내어 씹다.
>
> ② 어떤 일을 되풀이하여 음미하거나 생각하다.
>
> 예 ① 소나 염소 따위는 먹이를 반추하는 동물이다.
>
> ② 지나간 50년을 곰곰 반추하여 보니 후회되는 일이 허다하다.

'반추하다'에는 두 가지 의미가 있습니다. 소나 양처럼 반추위反芻胃를 가진 동물, 즉 소화된 음식물을 입으로 게워 되새김하는 위장을 가진 동물들이 있어요. 이것을 되새김질이라고도 하는데, 한번 삼킨 먹이를 다시 입으로 되돌려 잘게 분쇄한 후에 다시 씹어서 삼키는 것이죠.

'반추하다'의 한자는 되돌릴 반反과 꼴 추芻로 이루어져 있습니다. 꼴이라는 것은 말이나 소에게 먹이는 말린 풀인 건초乾草를 뜻합니다. 도시에서는 자주 들을 수 있는 말이 아니지만, 가축을 기르는 농축산업에 종사하시는 분들은 지금도 흔하게 사용하는 단어입니다. 은혜를 잊지 않고 갚겠다는 것을 비유적으로 이르는 '꼴을 베어 신을 삼겠다'라는 속담이 있기도 하고요. 이 한자만 보더라도 '반추하다'의 기본 의미가 ①번이라는 것을 쉽게 납득할 수 있습니다.

한번 삼킨 먹이를 다시 게워 내어 씹는다는 이 위장의 특성이 인간의 삶으로 들어오면서 ②번 의미가 주변 의미로 형성됩니다. 소가 먹이를 다시 게워 내어 씹는 행위와 사람이 어떤 일을 되풀이하여 음미하거나 생각하는 행위 사이에 유사성이 존재하니까요. 그래서 이제는 일반적으로 ②번 의미가 더 보편적으로 사용되며, ①번 의미는 생물학이나 동물학 등 특정 맥락에서만 제한적으로 사용됩니다.

그런데 이 멋진 단어를 사용할 때는 약간의 주의가 필요합니다. 어떤 일을 다시 떠올린다고 해서 무조건 이 단어를 쓸 수 있는 것은 아니거든요. 예를 들어 대화 도중 주말에 먹은 식사 메뉴가 생각나지 않는 친구에게 "어디서 무얼 먹었는지 잘 반추해 봐."라고 말하는 것은 마치 격식을 갖춘 정장을 입고 등산을 하는 것과 같습니다. 만약 실제로 저렇게 표현하는 친구가 있다면 언어 외적인 의미 말고 숨겨진 표현 의도가 있진 않은지(해학적 맥락이나 풍자적* 맥락 등) 생각해 봐야 합니다.

● 해학諧謔과 풍자諷刺
'해학'은 '익살스러우면서도 품위가 있는 언행'을 뜻하는 말입니다. 쉽게 말하면 '고급 유머' 정도가 될까요? '풍자'는 해학과 같이 쓰이는 경우가 많은데 뜻은 약간 달라요. '남의 결점이나 부정적 현상을 다른 것에 빗대어 비웃음'이라는 의미입니다. 이 역시 요즘 말로 바꾸면 '돌려까기' 같은 느낌이겠네요. 시험에 굉장히 많이 나오니 이번 기회에 정확한 뜻을 알아두면 좋겠습니다.

지금 생각하면 좀 웃음이 나기도 하지만, 제가 처음으로 이 '반추하다'라는 단어의 뜻을 이해하고 직접 그 단어를 썼을 때 왠지 진짜 어른이 된 듯한 느낌이 들었답니다. 물렁한 버섯이나 호박처럼 어렸을 때는 먹지 않던 식재료의 음식을 어른이 되어 먹어보고 그 참맛을 알게 되었을 때와 비슷한 감정이었다고나 할까요. 무언가를 되새기는 사고 행위 자체도 훌륭하지만, 무엇보다도 그러한 사고를 이

'반추하다'라는 단어로 표현하는 것은 진정한 어른의 말을 배우고 쓴다는 느낌을 주었던 것 같아요. 여러분이 '반추'하고 싶은 것은 무엇인가요?

문해력이 쑥쑥, 한 줄 요약

'반추하다'는 지난 일을 진지한 마음으로 되새겨 보는 것!
('진지한'이 중요합니다!)

'반추하다'의 유의어

'반추하다'의 반추는 한 번이 아니라 여러 번 되새김하면서 기억을 떠올려보는 사고 행위입니다. 예를 들면 학습한 것을 상기한다든지, 과거의 말과 행동을 회상한다든지, 어떤 사태의 원인을 곱씹는다든지, 아니면 단순히 추억을 떠올릴 때도 사용할 수 있습니다. 그래서 다음과 같이 다양한 맥락의 유의어들이 존재하니 '반추하다'도 아래의 단어를 사용할 수 있는 맥락에서 많이 활용해 보세요.

되새기다	기억하다	떠올리다
되새김하다	회상하다	반성하다
곱씹다	상기하다	성찰하다

더는 미욱하지
않기 위해

미욱하다

일상생활에서 얼마나 많은 형용사를 쓰고 계신가요? 사물의 성질이나 형태를 나타내는 품사인 형용사는 정말 다양합니다. 그 어떤 형용사도 유의어가 없다고 말하고 싶을 정도로 각각의 단어가 주는 의미 차이는 섬세함의 극치*라고 할 수 있습니다. 그래서 형용사 공부는 해도 해도 끝이 없기도 하고, 그만큼 우리말에 존재하는 형용사를 다양하게 불러주는 것은 참 의미 있는 일이라고 생각합니다.

● 극치極致
'도달할 수 있는 최고의 경지'를 뜻하는 단어입니다. 단어의 의미가 그렇듯이 '아름다움의 극치', '화려함의 극치'와 같이 긍정적인 맥락에서도 쓰지만, '슬픔의 극치', '무능함의 극치'처럼 부정적으로도 널리 쓴다는 사실을 꼭 알아두세요.

✏️ 미욱하다: 하는 짓이나 됨됨이가 매우 어리석고 미련하다.

📖 미욱한 것 같으면서도 그만한 감각은 있는 형배였다. 이문열,《변경》

흥미롭게도 인터넷을 검색하다 보면 이 '미욱하다'를 문해력의

지표로 보는 글들이 꽤 있더라고요. '미욱하다'를 모르면 문해력이 떨어지는 것이고, 알면 문해력깨나 있는 사람으로 보는 것이지요. 그만큼 이 단어가 생소한 것 같으면서도 의외로 자주 노출되는 단어이기 때문에 알아둘 필요가 있다는 것을 방증하고 있는 듯합니다.

> 최봉일이 이렇게 웃어 대기만 하자 그는 이때껏 가슴을 조이며 여기까지 달려온 스스로가 불쌍하고 미욱하게 여겨지고 우스워졌다.
>
> 한승원, 《해일》

위 예문에서 서술자는 자신을 '미욱하다'라는 단어로 보여주고 있습니다. 상황에 대한 긴장감이 풀리면서 자신의 어리석음을 자책하는 감정이 혼란스럽게 섞여 있는 소설 속 '그'의 감정을 적절하게 대변해 주는 단어라고 생각합니다.

이 '미욱하다'는 사전에 순우리말로 등재되어 있어요. 그런데 사전을 좀 더 살피면 이 단어가 어원적으로는 '미혹하다'에서 온 말임을 알 수 있습니다. 국립국어원의 우리말샘 정보를 참고하면 다음과 같습니다.

> 현대 국어 '미욱하다'의 옛말은 '미혹迷惑ᄒ다'이다. 이 단어는 한자어 자체로는 현재까지 쓰이고 있으나, '미욱ᄒ다'의 형태를 거쳐서 19세기부터 '미욱ᄒ다'로 쓰였으며 개정된 맞춤법에 따라 현재 '미욱하다'로 쓰이고 있다.

✏️ **미혹(迷惑)하다: 무엇에 홀려 정신을 차리지 못하다.**

📝 재물에 미혹하다.

정리하면 '미혹하다'는 '미욱하다'의 옛말로 그 기원을 찾을 수는 있겠으나, 현대어에서는 '미혹하다'와 '미욱하다'가 개념적으로 분리되어 쓰인다는 점을 기억해 두시기 바랍니다. 무엇에 홀려 정신을 못 차리다 보면 어리석고 미련한 사람이 될 수 있겠지요.

문해력 향상을 위해서는 대상에 대한 정확한 느낌이나 상태를 표현하는 형용사를 얼마나 알고 있으며, 얼마나 제대로 구사하고 있는지 짚어볼 필요가 있습니다. 눈 내리는 시골집 마당에서 피어오르는 모닥불의 모습과 그 감정을 형용사로 표현해 본다면, 어떤 단어들이 가능할까요?

혹시 그저 '좋다' 정도로 끝나버리진 않았나요? 따뜻하다, 따스하다, 훈훈하다, 온화하다, 소담하다, 거무스름하다, 불그스레하다, 평화롭다, 평온하다, 정겹다, 한가롭다, 헛헛하다, 쓸쓸하다 등 다양한 표현이 가능한데 말이죠. 이런 단어들을 자꾸만 살려내어 쓰지 않으면 어쩌면 사라질지도 모릅니다.

조지 오웰의 소설《1984》에서는 당(빅 브라더)의 명령에 따라 '신어사전'을 편찬하는 신어 제조가가 등장합니다. 신어사전이 완성되면 비슷한 뜻을 지닌 단어는 모두 사라지고 오로지 엄격하게 정의되는 정확한 한 단어만이 남게 됩니다. 그 목적은 어휘를 통제함으로써 인간의 사고를 좁히려는 것이지요.

어쩌면 단어를 자꾸 꺼내 쓰고 살려 쓰는 우리의 노력이 인간의 사고를 다양하게 만들어주는 가장 중요한 일이 아닌가 합니다. 오늘부터라도 형용사를 다채롭게 사용하는 연습을 해보면 어떨까요?

문해력이 쑥쑥, 한 줄 요약

'미욱하다'를 알면 우린 이제 미욱하지 않습니다.

'미욱하다'의 유의어

■ **미련하다**

터무니없는 고집을 부릴 정도로 어리석고 둔하다.

■ **아둔하다**

슬기롭지 못하고 머리가 둔하다.

■ **어리석다**

슬기롭지 못하고 둔하다.

■ **우매하다**

어리석고 사리에 어둡다.

■ **몽매하다**

어리석고 사리에 어둡다.

대중이
없다고?

．．．．．．．．．．．．

대중없다

우리는 모두 같은 국어를 사용하지만, 실제로 쓰는 말에는 크고 작은 차이들이 존재합니다. 가령* 어른의 말이 있고 청소년의 말이 있고 아이의 말이 있습니다. '오빠', '언니'와 같은 여자의 말이 있는가 하면, '형', '누나'와 같은 남자

● 가령假令
'가정하여 말하면'이라는 뜻으로 '예를 들어'와 서로 바꿔 쓸 수 있습니다. '가령'이 '예를 들어'보다 훨씬 짧고 편한데 왜 덜 자주 쓰일까요? 아마 영어의 'for example'을 '가령'이 아닌 '예를 들어'로 직역했기 때문은 아닐까요?

의 말이 있고요. 이를 지역적 차이에 따라 달리 사용하는 지역 방언 (사투리)처럼 세대, 성별, 직업 등 사회적 차이에 따라 달리 사용하는 말이라 하여 사회 방언이라고 합니다. 이번에 익힐 '대중없다'는 그중 어른의 말에 좀 더 가까워 보이기도 합니다.

✎ 대중없다: 짐작을 할 수가 없다. 어떠한 표준을 잡을 수가 없다.

㉋ 그녀의 행동은 대중없어서 비위를 맞추기가 어렵다.

'대중없다'의 대중은 무슨 뜻일까요? 가장 흔하게 사용하는 의미인 '많은 사람의 무리'를 뜻하는 대중大衆이 있겠지만 이 단어의 뜻과는 거리가 멀어 보이니 혼동하지 마세요. 여기서 쓰인 대중은 다음과 같은 의미일 테죠.

> 🖊 **대중: 대강 어림잡아 헤아림. 어떠한 표준이나 기준.**
> 🔲 익히 다닌 길이라 어둠 속에서도 그는 대중으로 더듬어 나갔다.
>
> 유주현,《대한 제국》

여기서 '눈대중(=눈짐작, 눈어림)'이라는 말도 파생되었습니다.

> 🖊 **눈대중: 눈으로 보아 어림잡아 헤아림.**
> 🔲 눈대중으로 고기 한 근 정도를 베어 냈다.

'대중없다'의 뜻은 '대중'의 의미를 정확히 이해하는 것만으로도 그 쓰임을 이해하고 기억할 수 있는 쉬운 단어입니다. 그래서 이와 관련된 한 가지 생각거리를 더 알려드리고자 합니다. 바로 띄어쓰기 입니다.

국어의 띄어쓰기는 여러 언어 중에서도 가장 까다롭고 예외가 많아 국어학자들도 헷갈린다는 말이 있을 정도로 어려운 영역입니다. 국어 문법에 대한 지식, 띄어쓰기 원칙 등을 익혀두면 그래도 도움이 될 때가 있지만 그것도 적용되지 않을 때가 많아요. 그야말로

'대중없다'라고 할 수 있겠네요. 그래서 따로 시간을 내어 공부하기보다는 관련된 단어가 나올 때마다 그때그때 기억해 두는 것이 좋을 것 같습니다.

국어에는 '없다'라는 말이 붙은 아주 다양한 형용사가 있습니다. 따라서 독립된 단어로 앞말과 띄어 쓰는 것이 원칙이지요. 그런데 어떤 것은 붙여 쓰기도 해서 혼동될 때가 많습니다. 자주 쓰이는 단어를 중심으로 한번 구분해 보겠습니다.

'없다'를 붙여 쓰는 경우(한 단어)		'없다'를 띄어 쓰는 경우(두 단어)
거침없다	보잘것없다	걱정 없다
관계없다	볼품없다	겁 없다
그지없다	부질없다	대책 없다
꾸밈없다	빈틈없다	변화 없다
끄떡없다	빠짐없다	별수 없다
끝없다	상관없다(≒소용없다)	부담 없다
난데없다 (≒느닷없다 ≒뜬금없다)	속절없다	원 없다
다름없다	쓸데없다(≒쓸모없다)	의미 없다
막힘없다	실없다	이름 없다
문제없다	아낌없다	잘못 없다
버릇없다	어김없다	필요 없다
변함없다	어이없다	…

이렇게 띄어쓰기를 하는 명확한 기준이 궁금하실 텐데요. 답은 안타깝게도 '분명한 기준이 없다'입니다.

사전에서 띄어쓰기는 해당 단어가 합성어인지를 기준으로 판단합니다. 합성어는 어근과 어근의 결합으로 이루어진 단어인데, 어떤 표현이 합성어(한 단어)인지 아니면 구(두 단어)인지를 구분하기는 사실상 매우 어렵습니다. 일반적으로는 언중이 자주 사용하여 결합 빈도가 잦은 단어를 합성어로 보고 사전에 등재합니다. 한마디로 원래 두 단어이지만 같이 쓰는 경우가 잦다면 한 단어로 보고 붙여 쓴다는 말이지요.

그러나 현실 언어의 속도를 사전이 따라잡기도 힘들뿐더러 얼마나 자주 써야 합성어가 되는지에 대한 판단도 주관적이라 그 기준이 매우 모호합니다. 예컨대 다음 속담에 쓰인 단어를 보면 같은 형식과 쓰임을 보이는데도 '물속'은 붙여 쓰고 있지만 '사람 속'은 띄어 쓰고 있습니다.

열 길 물속은 알아도 한 길 사람 속은 모른다

'물속'은 합성어, 즉 한 단어로 보고 있지만 '사람 속'은 두 단어, 즉 구로 보고 있다는 뜻입니다. '물'과 '속'은 언어 환경에서 자주 함께 등장하는 단어로 합성어가 되었지만(땅속, 바닷속, 가슴속, 마음속, 머릿속 등도 합성어예요.), '사람'과 '속'은 그 결합의 빈도가 상대적으로 낮아, 즉 자주 쓰이지 않는 단어로 보고 아직 한 단어로 인정하기에는 무리가 있다고 판단하는 것입니다. '밥집', '분식집', '국숫집'은 한 단어지만 '김밥 집', '우동 집'은 두 단어인 것도 같은 사례입니다. 이처럼 얼마나 자주 결합해서 사용하는지는 합성어로 인정되어 붙여 쓰는 데 아주 중요한 기준입니다. 따라서 합성어는 얼마든지 새로이 만들어질 수 있기에 합성어의 앞날은 무궁무진*하네요.

● 무궁무진無窮無盡
무궁無窮은 끝이 없다는 뜻을, 무진無盡은 다함이 없다는 뜻을 나타냅니다. 두 단어가 결합해서 끝도 없고 다함도 없다는 의미가 되었는데요. 순서를 바꾼 '무진무궁'은 물론 '무궁', '무진'처럼 두 단어 중 하나만 사용해도 같은 뜻이 됩니다.

문해력이 쑥쑥, 한 줄 요약

'대중없다'의 대중은 '여러 사람'이 아니라 '표준', '기준'입니다.

새로운 단어의 탄생, 파생어와 합성어!

단어의 종류

새로운 개념이나 사상, 사물 등이 생겨날 때마다 우리는 그것을 가리키는 단어 표현을 만들게 됩니다. 이를 신조어 또는 새말이라고 합니다.

그런데 만약 세상에 존재하는 사물이나 생각의 개수만큼 단어가 존재한다면 우리는 단어 공부를 하다가 지쳐버리고 말겠지요. 그래서 아예 새로운 말을 만들어내기도 하지만 대부분은 기존에 존재하는 단어를 결합해서 새로운 단어를 만들어냅니다. 이를 파생어와 합성어라고 합니다.

단어 중에서 '사람'처럼 하나의 어근으로 이루어진 단어를 단일어라고 하고, '눈사람', '맨눈'처럼 둘 이상의 어근이나 어근과 접사가 결합하여 이루어진 단어를 복합어라고 합니다. 복합어는 다시 '눈사람'처럼 어근끼리 결합하여 이루어진 합성어와 '맨눈'처럼 어근과 접사가 결합하여 이루어진 파생어로 구분됩니다. 참고로 어근이란 단어에서 실질적인 의미를 나타내는 중심 부분을 가리키고, 접사란 홀로 쓰일 수 없고 어근 뒤에 붙어 한 단어를 이루는 것을 말합니다.

📐 **파생어: 어근과 접사의 결합으로 이루어진 단어**
예 맨눈, 부채질, 풋사과

📐 **합성어: 어근과 어근의 결합으로 이루어진 단어**
예 눈사람, 독버섯, 첫눈

공짜도 아니고,
개밥도 아닙니다

············

무료하다 **사료하다**

국어의 동음이의어에 대해서는 앞 장에서 이미 설명한 적이 있지요. 생각해 보면 동음이의어라는 존재 때문에 우리는 언어 공부에 많은 어려움을 겪습니다. 소리는 같은데 뜻은 다르니 맥락을 이해하지 않는다면 오해와 왜곡이 발생할 수밖에 없는 구조이기 때문입니다. 이러한 상황을 탓하며 문해력 공부를 지레* 포기하기보다는 단어 공부에 재미를 붙이게 하는 우리말의 한 특성으로 생각하며 긍정적으로 공부해 보면 어떨까요? 공짜와 상관없는 무료, 개밥과 상관없는 사료! 이렇게 말이죠.

● 지레
'어떤 일이 일어나거나 기회가 무르익기 전에 미리'라는 뜻입니다. 보통 '지레 겁먹다', '지레 포기하다', '지레 놀라다'와 같이 사용합니다. 과학 시간에 배우는 지레(지렛대)와는 아무 관련이 없지요.

✎ **무료(無聊)하다**: 흥미 있는 일이 없어 심심하고 지루하다.

㉘ 모처럼 휴일에 할 일이 없어서 텔레비전을 보며 무료함을 달랬다.

✎ 사료(思料)하다: 깊이 생각하여 헤아리다.

예 그 문제를 사료하여 보았지만 해결 방법이 없다.

'료(料)'가 쓰인 단어
재료
원료
보험료
요금
음료수

두 단어는 각각 무료無料(값이나 요금을 받지 않음), 사료飼料(가축에게 주는 먹이)와 동음이의어 관계이기 때문에 혼동할 가능성이 있는 단어들입니다. 한자를 살펴보면 '무료하다'의 '료'는 '귀가 울리다', '즐기다'의 뜻을 가진 료聊이고, '사료하다'의 '료'는 '헤아리다'의 뜻을 가진 료料입니다. 일상 언어에서 좀 더 보편적으로 자주 쓰이는 것은 헤아릴 료料입니다. 한자로 구분하기보다는 명사로 쓰일 때의 '무료', '사료'와 형용사 및 동사로 쓰일 때의 '무료하다', '사료하다'의 뜻과 쓰임이 다르다는 것을 중심으로 기억해 두면 좋겠습니다.

그런데 우리말에는 왜 이렇게 많은 동음이의어가 존재하는 걸까요? 말(언어)과 말(동물), 손(신체의 일부)과 손(손님), 사장社長(회사의 대표자)과 사장死藏(활용하지 않고 쓸모없이 묵혀 둠) 등 많아도 너무 많습니다. 한 번쯤 생각해 보지 않을 수 없는 의문입니다.

사실 국어의 경우 자음 19개, 모음 21개를 활용하여 만들 수 있는 음절은 그지없이* 많습니다. 이 40개의 자모음을 활용하면 13,000여 개에 가까운 음절을 만들 수 있다고 하니 말이죠. 피하고자 한다면 얼마든지 피할 수 있는 것이 동음이의어입니다.

우리말에 동음이의어가 많은 까닭*에 대한 다양한 추측 중 비교적 타당해 보이는 것은 발음하기 쉬운 음절과 어려운 음절이 존재하기 때문이라는 의견입니다. 즉 '쫠', '꽬', '쥶', '뷘'처럼 음절을 한없이 만들어낼 수는 있지만, '잘', '꾈', '줄', '빈' 등의 음절이 더 쓰거나 발음하기 쉽기 때문에 굳이 복잡한 음절을 만들 필요가 없기 때문이라는 것이지요.

음성학적으로 보면 언어는 발음할 때 공기 흐름에 장애를 받으면서 소리 내는 자음과 그렇지 않은 모음으로 구분되는데, 이 때문에 자음보다는 모음이 발음하기 더 쉽고 편합니다. 같은 모음 중에서도 이중모음보다 단모음이 더 쉽게 발음할 수 있고, 같은 자음 중에서도 순음이나 비음이 파열음이나 파찰음보다 장애를 덜 받고 소리 낼 수 있습니다. 이를 바탕으로 생각해 보면 실제로 13,000여 개의 음절 중에는 사용되는 음절보다 사용되지 않는 음절이 훨씬 더 많다는 사실을 쉽게 이해할 수 있습니다.

거기에 더해 국어에는 한자어까지 있어 동음이의어의 발생이

● 그지없다
'끝이 없다', '~하기가 이루 말할 수 없다'라는 뜻으로 씁니다. 본문에서는 '끝없이 많습니다'와 같이 쓰인 셈이죠. 두 번째 뜻으로 '기쁘기 그지없다', '슬프기 그지없다'처럼 사용하기도 합니다. 물론 '거기가 없다'라는 의미와는 전혀 상관없습니다.

● 까닭
'어떤 일이 생기게 된 원인'을 가리키는 말에는 여러 가지가 있습니다. 가장 많이 쓰는 '이유', '까닭', '근거' 등도 있고, 특정 맥락에서 쓰이는 '핑계', '곡절'은 물론 지금은 잘 쓰지 않는 '소이'라는 단어도 있어요. 의존 명사인 '때문'과 동사인 '말미암다' 등 원인을 표현하는 말은 굉장히 다양합니다.

더욱 빈번할 수밖에 없습니다. 그래서 우리의 문해력이 더욱 도전받고 있기도 하고요.

한국어 단어 중 한자인 단어의 비율은 대체로 60~70%라고 합니다. 학문이나 법률 등 전문 분야로 들어가면 그 비율은 훨씬 높아집니다. 특히 법률 분야는 조사나 접속어 등 문법적 기능을 하는 단어를 제외한다면 거의 100%라 해도 과언이 아닐 것입니다. 그런데 한자는 표음문자表音文字가 아니라 같은 발음이라도 여러 가지 다른 뜻을 표현할 수 있는 표의문자表意文字입니다. 따라서 우리말도 덩달아 동음이의어가 많아질 수밖에 없는 것이지요.

● 병용竝用
'아울러 같이 씀'이라는 뜻의 단어입니다. 비슷한말로는 '섞거나 어울러 씀'이라는 뜻의 혼용混用이 있는데, 혼용은 부정적인 맥락에서도 쓰인다는 것이 차이점입니다. 아마 혼용이 '잘못 혼동하여 씀'이라는 또 다른 뜻이 있어서 이런 표현상의 차이가 생긴 듯합니다.

한글과 한자 사용에 대한 논의는 그동안 매우 활발하게 이어져 왔습니다. 1948년 〈한글전용에 관한 법률〉로 법제화되어 "대한민국의 공용 문서는 한글로 쓴다. 다만, 필요하다면 얼마 동안은 한자를 병용●할 수 있다."라고 규정했고요. 2005년에는 한글전용에 관한 법률은 폐지되고 국어기본법이 제정되어 "공공기관 등의 공문서는 어문규범에 맞추어 한글로 작성하여야 한다. 다만, 대통령령으로 정하는 경우에는 괄호 안에 한자 또는 다른 외국 글자를 쓸 수 있다."라고 규정했습니다.(국어기본법 제14조 제1항) 이 조항의 본문은 다시 개정되어 현재는 "공공기관 등은 공문서 등을 일반 국민이 알기 쉬운 용어와 문장으로 써야 하며, 어문규범에 맞추어 한글로 작성하여야 한다."라고 밝히고 있습니다.

이처럼 다양한 사회적 합의를 거쳐 현재의 쓰임에 이르렀음을 알 수 있는데요. 우리가 주목해야 할 것은 최근 서구화된 문화가 큰 영향력을 미치면서 영어식 표현에 더 익숙한 세대가 훨씬 늘어나 한자어 동음이의어가 일으키는 문해력 저하가 점점 심각해지고 있다는 사실입니다. 텍스트보다는 미디어 영상에 친숙해져 문어보다는 구어에 더욱 익숙해지는 것이 이러한 현실을 부추기고 있고요.

하지만 활자와 가까워지고 한자와 친해지는 것은 문해력 향상을 위한 필수 단계임을 이 책을 읽는 동안 더욱 느끼실 수 있을 거예요. 문해력 향상은 언제나 기본에 답이 있습니다.

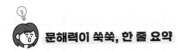

문해력이 쑥쑥, 한 줄 요약

심심할 때는 '무료하다', 생각이 깊어질 때는 '사료하다'

'무료하다'와 '사료하다'의 유의어들

■ **무료하다**

심심하다, 지루하다, 따분하다

■ **사료하다**

생각하다, 헤아리다, 고찰하다, 숙고하다, 사려하다

머리는
머리인데

....

'비견하다'가 어깨가 들어간 표현이라면 '대두하다'도 사람의 신체 부위가 들어간 표현인데요, 과연 무엇이 들어간 표현일까요? 맞습니다. 바로 '머리'입니다.

> 🖊 대두(擡頭)하다: 어떤 세력이나 현상이 새롭게 나타나다. 머리를 쳐든다는 뜻에서 나온 말이다.
>
> 예 새로운 예술 경향이 대두하였다.

'대두'라는 단어에서 '콩'이 아닌 '머리'를 연상했다면 아주 훌륭합니다. 하지만 그렇다고 해서 큰 머리를 의미하는 대두大頭는 아닙니다. 이 단어는 들 대擡와 머리 두頭로 이루어진 한자어로 '머리를 들다'라는 의미입니다.

1인 가구 천만 시대, 사회 문제로 대두되는 고독사

교권 침해 문제 대두 ··· 교육활동 민원 증가

'대두하다'는 '대두되다'와 같은 피동형으로도 자주 쓰입니다. 어떤 세력이나 현상이 나타나는 결과적 모습에 초점을 맞추면 피동형이 더 자연스럽게 느껴질 수 있습니다. 이는 '대두' 앞에 오는 의미가 주로 사회적 문제나 현상처럼 사람이 아니라 사물, 이념 등이 주어로 오기 때문에 더욱 그렇습니다. 앞의 표제만 보더라도 '사회 문제', '교권 침해 문제' 등이 대두하는 대상으로 오고 있음을 확인할 수 있네요.

한편 '대두하다'는 '머리를 들다'나 '고개를 들다'라는 고유어 표현으로도 풀어서 사용할 수 있습니다. '다시 고개(머리) 드는 인플레이션···'과 같이 표현하지요. 이 밖에도 국어에 '머리'가 들어가 의미를 구성하는 관용 표현들이 많습니다. 자주 사용하는 표현을 중심으로 다섯 개만 정리해 보았습니다.

머리(가) 굳다

① 사고방식이나 사상 따위가 완고하다.

예 내가 너무 머리가 굳어서 그런지 젊은 너를 이해할 수가 없다.

② 기억력 따위가 무디다.

예 오십이 넘으니 머리가 굳어서 어제 일도 잘 생각나지 않는다.

머리(가) 굵다

어른처럼 생각하거나 판단하게 되다. =머리(가) 크다.

예 학생들이 머리가 굵어서 말도 잘 안 듣는다.

머리(를) 맞대다

어떤 일을 의논하거나 결정하기 위하여 서로 마주 대하다.

예 머리를 맞대고 대책을 강구하다.

머리(를) 숙이다

① 굴복하거나 저자세를 보이다. =머리(를) 굽히다.

예 할 수 있니? 아쉬운 네가 머리를 숙이고 들어가야지.

② 마음속으로 탄복하여 수긍하거나 경의를 표하다.

예 그의 뒤늦은 향학열에는 머리를 숙일 수밖에 없다.

예 스승의 은혜에 머리 숙여 감사의 뜻을 전합니다.

머리 위에[꼭대기에] 앉다[올라앉다]

① 상대방의 생각이나 행동을 꿰뚫다.

예 적은 아군의 머리 위에 올라앉아 전술을 펼쳤다.

② 잘난 체하며 남을 업신여기다.

예 이건 뭐 사환이 아니고 선생들 머리 꼭대기에 앉은 상전이지 뭐예요,

글쎄. 윤흥길,《묵시의 바다》

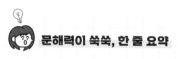

문해력이 쑥쑥, 한 줄 요약

'대두하다'는 '머리를 든다'라는 뜻!

'대두하다'의 유의어들

- **나타나다**

보이지 아니하던 어떤 대상의 모습이 드러나다.

- **드러나다**

가려 있거나 보이지 않던 것이 보이게 되다.

- **출현하다**

나타나거나 혹은 나타나서 보이다.

- **일어나다**

어떤 일이나 마음이 생기다.

3장

문해력 완성하기

맥락과 분위기를 알려주는 어휘들

편안함에도
차이가 있다

·············

전원적   목가적   향토적

여기까지 오느라 고생 많으셨습니다. 이번 장에서는 국어 공부에 도움이 될 뿐만 아니라 단어 자체만으로도 화자(필자)의 생각과 태도를 단번에 알아챌 수 있는 어휘들을 살펴보려고 합니다. 먼저 상황이나 분위기를 보여주는 단어로 다음 세 단어의 의미와 공통점, 차이점을 알아볼게요.

- 🖊 **전원적(田園的)**: 도시에서 떨어진 시골이나 교외(郊外)의 성격을 띠는. 또는 그러한 것.
- 📋 전원적 생활을 꿈꾸는 현대인들이 늘어나고 있다.
- 🖊 **목가적(牧歌的)**: 목가처럼 소박하고 서정적인. 또는 그러한 것.
- 📋 이 그림은 알프스의 목가적 아름다움이 잘 드러난다.
- 🖊 **향토적(鄕土的)**: 고향이나 시골의 정취가 담긴 것.
- 📋 그는 향토적인 소재로 글을 쓰는 시인이다.

국어 단어에는 '-적的'이 붙은 말이 정말 많습니다. 어떤 말에 붙느냐에 따라 그 의미가 조금씩 다르기는 하지만, 국어의 다양한 어근에 붙어 수많은 단어를 만들어내는 생산적*인 접미사지요.

✎ -적(的): (일부 명사 또는 명사구 뒤에 붙어) '그 성격을 띠는', '그에 관계된', '그 상태로 된'의 뜻을 더하는 접미사.

예 가급적 / 국가적 / 기술적

예컨대 '과학'과 '과학적'이라는 단어를 비교해 본다면, '과학'은 '보편적인 진리나 법칙의 발견을 목적으로 한 체계적인 지식에 관한 학문' 그 자체를 의미합니다. 한편 '과학적'이라는 말은 '(그러한) 과학의 이치나 체계에 맞는'의 의미를 갖지요. 엄밀히 말해 과학적이라는 것은 '어떤 대상이 (과학은 아니지만) 과학이라는 학문이 지니는 논리적 이치와 체계에 맞는 성격을

● 생산적生産的
'무언가를 만들어냄'이라는 뜻의 '생산'을 모르는 사람은 없을 겁니다. 이 뒤에 '-적'이 붙어 '생산적'이 되면 '긍정적이고 새로운 무언가가 생겨나다'라는 의미가 되기도 합니다. '생산적인 아이디어'라고 했을 때 단순히 '무언가를 만드는 아이디어'가 아니라 '새롭고 좋은 것을 만드는 아이디어'라고 이해하면 훨씬 풍부하게 소통할 수 있겠죠?

의미 자질 분석법으로 본 단어의 의미
전원적: [+시골] [-고향]
목가적: [+시골] [+이국적] [-고향]
향토적: [+시골] [+고향]

● 고즈넉하다
'고요하고 아늑하다'라는 뜻과 '말
없이 다소곳하거나 잠잠하다'라는
뜻이 있습니다. 첫 번째 뜻은 상황
을 설명할 때, 두 번째 뜻은 사람을
묘사할 때 쓰입니다.

지닌'이라는 의미로 사용되는 것입니다.

그럼 이제 맨 처음에 나온 세 가지 '-적'을 알아보겠습니다. 앞말인 '전원'은 논과 밭, '목가'는 목동의 노래, '향토'는 고향의 땅 또는 시골을 의미합니다. 그래서 '전원적'이라는 것은 논과 밭이 있는 소박한 시골 풍경을 나타내고, '목가적'이라는 것은 목동이 소와 양을 이끌며 노래를 부르는 시골의 모습을 그려낸 풍경화처럼 고즈넉한 느낌을 주면서 특히 이국적인 풍경을 나타낼 때 씁니다.

이때 '전원적'과 '목가적'은 서로 포함 관계에 있다고도 할 수 있어요. 목가적인 것은 전원적인 것에 이국적 정취가 좀 더 짙게 느껴질 때 사용할 수 있는 단어라고 생각해도 됩니다. 소와 양을 풀어놓고 키우는 방목이 흔치 않은 우리나라에서는 '목가적인 풍경'이라고 하면 강원도 횡성이나 대관령의 양떼 목장 같은 곳에 한해 느낄 수 있는 분위기라고 할까요? 그리고 '향토적'이라는 것은 시골, 그중에서도 특히 고향 특유의 느낌이나 분위기를 표현하고자 할 때 쓸 수 있는 단어입니다. 다음 예시를 통해 쓰임새를 익혀 봅시다.

(가) ○○미술관 인근은 산단인 만큼 기업 건물이 즐비한 곳이지만 생태하천으로 관리되고 있는 황구지천도 바로 옆에 있어 전원적인 느낌이 공존한다.

이데일리, 2023.5.23.

(나) ○○○ 목장은 서울과 가깝고 목가적인 경관을 유지하고 있어…

축산신문, 2023.10.10.

(다) 발제를 맡은 ○○○ 박사는 "예산은 지역적으로 충남의 중앙에 위치하고 있으며, 평야가 넓고 쌀·보리 등의 농사가 발달하여 자연스럽게 농사와 관련된 농요, 두레풍장과 같은 향토적인 노래와 놀이문화가 공존해 왔다"라고 설명했다.

더코리아, 2023.10.2.

 문해력이 쑥쑥, 한 줄 요약

'전원적'은 농촌의 느낌을 두루 표현할 때, '목가적'은 시골인데 좀 더 이국적인 분위기를 나타낼 때, '향토적'은 고향(시골)의 느낌이 날 때!

문학 작품에서 찾아본
전원적·목가적·향토적 분위기의 시들

'전원적' 분위기의 작품

남으로 창을 내겠소 김상용

남으로 창을 내겠소.

밭이 한참갈이

괭이로 파고

호미론 풀을 매지요.

구름이 꼬인다 갈 리 있소.

새 노래는 공空으로 들으려오.

강냉이가 익걸랑

함께 와 자셔도 좋소.

왜 사냐 건

웃지요

'목가적' 분위기의 작품

목동시牧童詩 황정견

소 타고 저만치 앞마을 지나는 목동,
피리 부니 바람결에 밭 두둑 너머로 들려온다.

명리를 좇는 수많은 장안 사람들,
온갖 지혜 다 짜지만 그대만 못하리라.

향수 정지용

넓은 벌 동쪽 끝으로 옛이야기 지줄대는 실개천이 휘돌아나가고
얼룩백이 황소가 해설피 금빛 게으른 울음을 우는 곳,

그곳이 차마 꿈엔들 잊힐 리야.

질화로에 재가 식어지면
비인 밭에 밤바람 소리 말을 달리고
엷은 졸음에 겨운 늙으신 아버지가
짚베개를 돋아 고이시는 곳,

그곳이 차마 꿈엔들 잊힐 리야.

흙에서 자란 내 마음 파아란 하늘빛이 그리워
함부로 쏜 화살을 찾으러
풀섶 이슬에 함추름 휘적시던 곳,

그곳이 차마 꿈엔들 잊힐 리야

들뜨거나
가라앉거나

············

[고무적]　[회의적]

　　'고무적이다'와 '회의적이다'라는 말에서 '고무'는 우리가 흔히 알고 있는 '말랑말랑하고 탄성이 강한 물체'일까요? '회의'는 '어떤 주제를 놓고 의논하는 것'이라는 의미일까요? 물론 그렇지 않겠죠. 고무공과는 상관없는 고무, 대화와는 상관없는 회의의 또 다른 의미를 바탕으로 상황이나 분위기를 보여주는 단어를 알아보겠습니다.

> ✎ **고무적**(鼓舞的): 힘내도록 격려하여 용기를 북돋우는 것.
>
> 예 고무적인 사건.
>
> ✎ **회의적**(懷疑的): 어떤 일에 의심을 품는 것.
>
> 예 회의적인 시각.

　　먼저 '고무적'에서 고무鼓舞란 '북과 춤'을 의미합니다. 말 그대로 북을 치며 춤을 춘다는 뜻입니다. 누군가 내 옆에서 북을 치며 춤을 추면 저절로 흥이 나고 기운이 솟아나겠죠? 그래서 북을 치며 춤을 춘다는 원래의 단어 뜻은 점차 사라지고, 누군가 힘내도록 마음을 격려하고 용기를 북돋우는 것을 '고무적이다', '고무하다'라고 표현하게 되었습니다. '고취하다', '북돋우다' 등과 바꿔 쓸 수 있고, '힘이 나도록 격려를 받아 용기가 나다'라는 뜻의 '고무되다'라는 표현도 가능합니다.

고무적인 것이 긍정적이고 낙관적인 분위기를 형성한다면, '회의적'은 품을 회懷와 의심할 의疑를 써서 어떤 일에 확신을 갖지 못하고 의심하는 부정적인 분위기를 형성한다고 볼 수 있습니다. 그래서 이 단어의 사용만으로도 글이 지니는 주제나 성격 등을 가늠해 볼 수 있지요. 다음 표제를 통해 기사의 논조나 주된 분위기를 추측해 보세요.

학교 예술교육 활성화 시도, 고무적이다

中 부동산 규제 완화 시사에도 전문가들 회의적

어떤가요? 첫 번째 표제에서는 내용을 읽지 않아도 이어질 글이 학교 예술교육 활성화 시도에 대해 긍정적이고 낙관적인 논조로 쓰여 있을 것이라 예측할 수 있습니다. 그것은 바로 '고무적'이라는 단어에서 비롯된 것입니다.

두 번째 표제에서도 전문가들이 중국 부동산 규제 완화 정책을 부정적으로 보는 입장을 '회의적'이라는 단어로 간단히 정리해 보여

줌으로써 정책 자체에 대한 사회적 분위기가 그다지 좋지 않음을 잘 나타냅니다. 이렇듯 어떤 단어들은 그 단어의 뜻 자체가 글 전체의 성격이나 주제와 연결되는 강력한 힘을 지닙니다.

문해력이 쑥쑥, 한 줄 요약

'고무적'은 긍정적이고 낙관적인 분위기를, '회의적'은 부정적이고 비관적인 분위기를 보여준다!

'고무', '회의'와 관련된 단어

■ '고무하다'의 유의어

고취하다: ① 힘을 내도록 격려하다. ② 의견이나 사상을 열렬히 불어넣다.

북돋우다: 기운이나 정신 따위를 더욱 높여주다.

■ '회의'와 관련된 단어

회의감(懷疑感): 의심이 드는 느낌.

회의주의(懷疑主義): 인간의 인식은 주관적·상대적이라고 보아서 진리의 절대성을 의심하고 궁극적인 판단을 하지 않으려는 태도.

매일 하던 것만 하니
재미없어

....

전형적   상투적

클리셰(cliche)라는 말을 들어본 적이 있으신가요? 원래 클리셰란 '자주 쓰이는 단어를 위해 따로 조판 양식을 지정해 둔 인쇄 연판'을 뜻하는 프랑스어입니다. 보통 진부하거나 틀에 박힌 생각 따위를 이르는 말로 쓰이지요. 최근에는 특히 영화나 드라마 같은 극에서 진부한 장면, 판에 박은 듯한 대화를 가리킬 때 자주 사용됩니다.

가난한 여자 주인공이 돈과 명예를 모두 가진 남자 주인공을 우연히 만나 계층의 차이를 넘어선 사랑에 빠진다든가, 위기에 처한 여자 주인공을 결정적 순간에 나타나 구해주는 남자 주인공의 모습을 클로즈업한다든가 하는 것들이 모두 일종의 클리셰로 취급됩니다. 친숙하지만 뭔가 뻔하고 아쉬운 전개이지요.

이런 클리셰들은 처음에는 '전형적'인 것으로 시작했겠지만, 어느 순간 너무 잦은 반복과 노출 탓에 '상투적'인 것이 되어버린 사례라고 할 수 있겠습니다.

✒ 전형적(典型的) : 어떤 부류의 특징을 가장 잘 나타내는 것.

📖 전형적인 한국의 여인상.

✒ 상투적(常套的) : 늘 써서 버릇이 되다시피 한 것.

📖 그의 대답은 항상 상투적인 것으로 들린다.

▲ '상투적'과 '전형적'의 포함 관계

전형적인 것과 상투적인 것은 기본적으로 유사한 의미의 범주에 놓여 있습니다. 두 단어 모두 대상을 가장 잘 설명해 줄 수 있는 대표적 특성과 이미지를 표현하는 단어이기 때문이지요.

예를 들어 '농촌' 하면 떠오르는 특성이나 모습을 나열해 봅시다. 녹음이 푸르른 산과 들, 곡식과 풀들이 자라나는 논과 밭, 거기서 땀 흘려 일하는 농민, 사계절 각양각색으로 우는 곤충의 소리 등이 새소리와 함께 어우러지며 평화로움을 주는 풍경을 떠올릴 수 있겠죠. 이때 산, 들, 논, 밭, 농민, 곤충 소리 등은 농촌의 '전형'을 보여주는 사물이 됩니다.

그러나 여기에 나열된 사물들 가운데 새롭거나 참신하거나 신선하거나 기발한 것들이 있을까요? 전혀 그렇지 않습니다. 그래서 이러한 전형적인 것들이 반복되고 강조되다 보면 상투적인 것이 되어버립니다.

즉 '전형적'이라고 하는 표현에는 대표성을 잘 드러낸다는 긍정적 평가가 포함되지만, '상투적'이라는 표현에는 진부하다는 부정적 평가가 포함된다는 점이 이 두 단어의 가장 큰 차이라고 할 수 있겠습니다. 전형적이던 것이 상투적인 것이 되어가는 과정을 다음과 같이 표현할 수 있습니다.

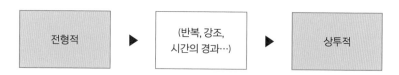

'서로 버티며 대항함'이라는 뜻의 단어입니다. 아마 과학 시간에 '길항 작용'이라는 용어를 들어봤을지도 모르겠어요. 과학에서는 더 구체적으로 '상반되는 두 요인이 동시에 작용해 서로의 효과를 상쇄하는 것'을 의미합니다.

전형적인 것과 상투적인 것은 그래서 오묘한 길항* 관계에 놓여 있습니다. 기본적으로 유사한 의미이지만 어떤 면이 강조되느냐에 따라 개념이 결정되는 것이지요.

전형적인 것에서 '대표성'이 강조되면 긍정적 평가가 이루어지는 것이고, 거기서 '낡고 진부한 측면'이 강조되면 상투적인 것으로 평가 절하되는 것입니다. 드라마 속 한 장면을 보고도 어떤 사람은 그것을 전형적이라고 생각해서 재미나 편안함을 느낄 수 있는가 하면, 다른 사람은 그것을 상투적으로 보아 진부하고 재미없게 느낄 수 있으니 참 흥미로운 단어들입니다.

문해력이 쑥쑥, 한 줄 요약

전형적인 것은 대표성을, 상투적인 것은 진부함을 보여줍니다.

'상투적'의 유의어와 반의어

- 유의어

낡다, 진부하다, 고루하다, 뻔하다

- 반의어

기발하다, 참신하다, 새롭다, 신선하다

이런 것까지 일일이
알려줘야 해?

············

명시적 묵시적 암묵적

　　여러분은 어떤 상황에서 자신의 입장이나 태도를 분명히 드러 내 보이는 것을 선호하나요, 아니면 직접적으로 드러내지 않고 은근 히 나타내는 것을 선호하나요? 둘 다 '나타내 보이다'라는 점에서는 공통적이지만 그것을 어떻게 드러내는지는 차이가 있습니다. 전자는 '명시적 태도'라 하고 후자는 '묵시적 태도'라 할 수 있습니다.

✎ **명시적(明示的):** 내용이나 뜻을 분명하게 드러내 보이는 것.

📖 그 신문은 사건의 진상을 명시적으로 다루지 않아 지탄을 받았다.

✎ **묵시적(黙示的):** 직접적으로 말이나 행동으로 드러내지 않고 은연중에 뜻을 나타내 보이는 것.

📖 묵시적으로 동조하다.

이 단어들이 실제 글 속에서 어떻게 사용될 수 있는지, 그리고 그 단어에 대한 이해가 글의 이해와 어떻게 연결되는지 다음 기사문을 읽어보겠습니다.

> … 공급자가 소수인 시장에서 누가 가격을 올리면 다른 공급자도 슬그머니 따라 올린다. 이런 행태가 관습적으로 반복되었다면, 비록 그 공급자들 간에 명시적 담합은 없을지라도 '묵시적 담합(Tacit Collusion)'이라고 추정되어 가격 인상 카르텔의 한 형태로 본다. …
>
> 매일경제, 2023.7.17.

기사 내용에서도 볼 수 있듯이 '명시적'과 '묵시적'은 반의어로서 한 문장 내에서도 자주 사용되는 단어들이라 함께 기억해 두는 것이 좋습니다. 두 단어를 중심으로 위 기사를 이해해 보면, 동종 업계에서 가격의 동반 상승이 반복된다면 겉으로 분명하게 담합*하지 않았더라도 은연중에 담합한 것으로 본다는 것이지요. 명시적과 묵시적의 뜻만 알고 있어도 해당 부분의 내용을 정확히 파악할 수 있습니다. 그런데 그 외에 '암묵적'이라는 표현도 있습니다.

● 담합談合
말씀 담談에 합할 합合을 써서 의미만 놓고 보면 '의논하여 합의하다'라는 중립적인 뜻의 단어입니다. 그러나 실제로 사용할 때는 '경쟁자들이 (불법적으로) 미리 의논해서 결과나 가격을 정해놓다'라는 부정적인 의미로 쓰이지요.

🖊 암묵적(暗黙的): 자기의 의사를 밖으로 나타내지 아니한 것.

㉮ 서로 암묵적으로 합의하다.

● 은연중隱然中
'은연중에'는 '남이 모르게'라는 뜻
으로 씁니다. 보통 '은연중에'와 '무
의식적으로'를 같은 의미로 이해하
기도 하는데, '무의식적으로'는 '자
신도 남도 모르게'라는 뜻을 내포하
기 때문에 약간 다르다고 볼 수 있
습니다.

이 '암묵적'이라는 단어는 위의 두 단어와 어떻게 연결이 될까요? 일단 '암묵적'은 직접적으로 드러내지 않는다는 점에서 '묵시적'과 유의어 관계를 형성합니다. 그러나 정확히 말해 동의어 관계는 아닙니다. 즉 사전상의 정의에 의하면 묵시적인 것은 자신의 입장이나 태도를 '드러내지 않는 듯하면서도 드러내는 것'이어서 은연중*에 의사를 보이는 것에 초점이 놓여 있습니다. 반면 암묵적인 것은 아예 자신의 의사를 드러내지 않는 것으로 풀이됩니다.

그러나 이는 사전상 정의의 차이일 뿐, 실제 언어생활에서의 쓰임은 분명 다릅니다. 조금만 검색해 보아도 많은 문헌과 자료에서 이 두 단어가 거의 동일한 단어로 쓰이고 있음을 알 수 있습니다. 사전적 정의와 일상 언어적 쓰임이 괴리된 사례라고 할 수 있겠지요.

피고인 쪽은 피해자에게 '암묵적·묵시적 동의'가 있었음을 내세운다.

한겨레21, 2023.2.26.

이 원칙은 행정기관의 묵시적, 암묵적 언동의 정당성 또는 존속성에 대해 보호할 가치가 있는 개인의 신뢰는 보호해야 한다는 행정법상의 기본 원리를 말한다.

한라일보, 2023.5.1.

이에 관해 국립국어원 온라인 가나다 게시판에 올라온 내용을 확인해 보겠습니다. 국립국어원에서도 이에 대해 현실 언어적으로는 '비슷한 맥락'에서 쓰이고 있음을 인정하되, '묵시적'에는 은연중에 의사를 보인다는 의미를 지니고 있음을 더불어 지적하고 있습니다. 질문과 답변을 보면 이 단어가 생각만큼 단순하게 쓰이지 않는다는 사실을 알 수 있어요. 사전적 정의와 실제 쓰임을 모두 이해해야 하는 이유가 여기에 있습니다.

Q. 암묵적, 묵시적 뜻의 차이가 궁금합니다. 사전적 정의에 따르면 묵시적은 '말이나 행동으로 직접 드러내지 않고 은연중에 뜻을 나타내 보이는 것', 암묵적은 '자기의 생각이나 의견을 겉으로 드러내지 않는 것'이라고 하는데, 실질적인 쓰임에 있어서 큰 의미 차이를 모르겠습니다. 예를 들어, 예문을 찾아보면, 묵시적 합의와 암묵적 합의 모두 '명료한 의사표시나 절차 없이 상호가 동의했다고 은연중에 간주하는 내용'의 의미 정도로 쓰이는 것 같습니다. 둘의 쓰임은 정확히 어떻게 구분되나요?

A. 두 말은 비슷한 맥락에서 쓰이기도 하나, 표준국어대사전에 '암묵적'은 '자기의 의사를 밖으로 나타내지 아니한 것/자기의 의사를 밖으로 나타내지 아니한'을 의미하는 말로, '묵시적'은 '직접적으로 말이나 행동으로 드러내지 않고 은연중에 뜻을 나타내 보이는 것/직접적으로 말이나 행동으로 드러내지 않고 은연중에 뜻을 나타내 보이는'을 의미하는 말로 풀이됨을 고려하면 '묵시

적'은 '암묵적'보다 은연중에 의사를 보인다는 의미가 있는 것으로 해석해 볼 수 있겠습니다. '암묵적 지지'로는 표현하나 '묵시적 지지'로는 잘 표현하지 않는다는 점을 참고해 보시기 바랍니다.

이처럼 단어는 중심 의미를 기본으로 주변 의미와 더불어 실제 언어생활에서 다양한 맥락 속에 놓여 세세한 어감의 차이를 보입니다. 평온하게 떠다니던 바닷속 물고기가 물 밖으로 나오면 쉴 새 없이 팔딱거리듯이, 우리 머릿속에 있는 단어 또한 발화 행위를 통해 맥락이 생겨나는 순간 '단어가 살아 숨 쉬고 있다!'라고 느껴질 정도로 생동감을 갖게 됩니다.

이제는 AI 명령어만으로도 그림, 음악, 동영상 등을 제작할 수 있는 시대입니다. 따라서 자신의 목적에 가장 근접한 결과물을 얻으려면 어떤 명령어를 제시하느냐의 문제가 매우 중요하겠지요. 표현하려는 대상을 가장 핍진하게 표현하는 어휘를 알고 꺼내 쓸 수 있는 능력인 문해력이 미래에도 얼마나 가치 있는 능력인지 알 수 있습니다.

문해력이 쑥쑥, 한 줄 요약

'명시적'은 분명히 드러내는 것, '묵시적'은 드러내지 않되 은연중에 드러내는 것, 단 '묵시적'은 사전적 정의와는 조금 다르게 일상 언어에서는 '암묵적'과 비슷한 의미로 쓰이는 경우가 많습니다.

명(明)과 묵(黙)이 활용된 단어

- **밝을 명(明)**

명백하다, 명료하다, 분명하다, 선명하다, 자명하다

☞ '뚜렷한 것'과 관련됨.

- **잠잠할 묵(黙)**

묵과하다, 과묵하다, 묵묵하다, 침묵하다, 묵비권

☞ '말하지 않는 것'과 관련됨.

고구마 먹은 듯이
답답하다?

············

세속적 고답적

상승과 하강으로 명징하게 직조해 낸 신랄하면서 처연한 계급 우화

    윗글이 무엇에 관한 이야기인지 혹시 아시나요? 바로 2019년에 개봉한 봉준호 감독의 영화 〈기생충〉에 대한 한 영화평론가의 한 줄 평입니다. 이 한 줄 평은 한국 영화 최초로 아카데미상을 수상하며 화제가 된 영화만큼이나 유명한 말이 되었습니다. 대중 평론가가 명징, 직조, 신랄, 처연과 같은 대중이 흔히 쓰지 않는 단어를 일부러 선택해서 작품과 대중의 소통을 가로막았다는 불만 아닌 불만이 제기되었기 때문이죠.

    그러나 그 평론가는 다소 억울할 것 같다는 생각도 듭니다. 작품에 대한 자신만의 감상과 평가를 가장 적확하게 나타낼 수 있는 단어를 신중하고 조심스럽게 골라 쓴 것일 테니까요. '분명하게', '명료하게'와 같은 단어보다 '명징하게'를 선택한 이유, '엮어낸'보다 '직조

해 낸'이라는 단어를 선택한 이유가 분명 존재
할 것입니다. 일부러 어려운 단어를 선택했다고
힐난*하기보다는 그 단어의 뜻을 찾아보고 음미
해 보며 영화를 되새기는 것이 어땠을까요? 숨
어 있는 단어를 새로이 발견한 기쁨 또한 문해
력을 공부하는 우리에게 의미 있는 일이니까요.

● 힐난詰難
꾸짖을 힐詰과 어려울 난難이 결합
해서 '거북할 만큼 트집을 잡다'라
는 뜻이 있습니다. 단, '트집'이라는
말을 보면 알 수 있듯이 주로 '부당
하게' 따지고 드는 행위를 가리키는
경우가 많습니다.

이번에는 가히 그 한 줄 평에 비견되는 어떤 시인의 한 작품을
소개하는 짧은 글을 읽어보겠습니다.

세속 세계에 대한 혐오감과 고답적인 나르시시즘에 기초한 시인상
을 대비적으로 노래한 작품

✎ **세속적(世俗的): 세상의 일반적인 풍속을 따르는 것.**

㈎ 세속적인 가치.

✎ **고답적(高踏的): 속세에 초연하며 현실과 동떨어진 것을 고상하게 여**
기는 것.

㈎ 세상 물정 모르는 고답적인 선비.

한 줄 소개만 읽었을 뿐인데 시와 시를 쓴 시인이 무척 궁금해
지네요. 반의어를 활용한 압축적 소개가 인상적입니다. '세속'과 '고
답'의 의미를 이해하고 있다면 작품의 이미지를 머릿속에 대략 떠올
릴 수 있기도 한데요. 바로 백석 시인의 〈광원〉이라는 작품을 소개한

글입니다.

이 시의 제목인 광원은 넓은 평원을 의미합니다. 백석의 고향인 평안북도 정주 인근에 멀리 바다가 보이고 경편철도가 지나는 평야가 있었다는데요, 이 시의 '광원'은 바로 이곳을 말하는 것으로 추정됩니다. 시 속에 등장하는 '경편철도'는 산업화되어 가는 시대의 신문물이므로 세속적인 것을, '노새'는 무거운 짐과 먼 길에 잘 견뎌주던 가축이므로 과거 지향의 고답적인 것을 상징하여 보여주고 있습니다.

고답高踏은 높다는 뜻의 고高에 '밟다', '디디다'의 뜻을 지닌 답踏으로 이루어진 한자어입니다. 높은 곳을 밟는, 즉 현실과 동떨어진 것을 지향함을 가리킵니다.

여기서 반드시 주의할 것은 '세속'과 '고답' 모두 그 대상이 지닌 속성에 대해 비판적 관점을 드러낼 때 자주 쓴다는 것입니다. 표준국어대사전에서 '세속'을 검색하면 나오는 예문만 보더라도 그러한 쓰임새를 확인할 수 있습니다.

사전에서 '세속'은 떠나고, 시달리고, 등지는 대상으로 나타납니다. '세상', '세계'와 같은 세속의 유의어들은 이런 쓰임을 보이지 않는 것과 확연히 대비되지요. 이 쓰임새를 이해하면 세속이라는 단어를 더욱 적절하게 이해하고 사용할 수 있습니다.

'고답'의 경우도 '현실과 동떨어진'이라는 뜻풀이에서 이미 짐작할 수 있듯이 긍정적인 맥락에서는 잘 사용되지 않습니다. 이것은 대학의 구조조정 문제를 논하는 한 교육 전문가의 다음과 같은 문장에서도 확인할 수 있습니다.

… 대학이 고답적인 도덕공동체가 되어서는 안 되지만 그렇다고 세속적인 이해 관심에 좌우되는 공리주의에 지배되어서도 안 될 것입니다.

서울신문, 2005.3.17.

현실적인 것과 이상적인 것을 보여주는 두 단어가 모두 부정적 맥락에서 주로 쓰이는 셈이네요. 이로 미루어 보면, 어쩌면 한쪽으로 치우친 생각이나 삶의 자세란 결코 좋은 것이 아니며 적당히 현실적이고 적당히 이상적인 것이 좋은 것이라는 세상의 통념*을 보여주는 것 같습니다.

● 통념通念
통할 통通과 생각할 념念이 결합한 통념通念은 한자의 의미 그대로 '일반적으로 널리 통하는 생각'을 의미합니다. '상식'과도 비슷하다고 볼 수 있지만, 상식은 사람 개개인의 지식에 초점을 맞추는 단어인 반면 통념은 주로 집단적 개념을 가리킨다는 차이가 있습니다.

문해력이 쑥쑥, 한 줄 요약

세속적인 것은 이 세상의 일, 고답적인 것은 현실과 동떨어진 일. 실제로 쓰일 때는 둘 다 지양해야 할 태도로 부정적인 맥락에서 사용됩니다.

'고답적'과 유사한 맥락에서 자주 함께 쓰이는 부정적 어감의 말들

- **고루하다**
고답적 태도가 고루했던 …

- **단편적이다**
단편적이고 고답적인 사고방식으로 …

- **권위적이다**
권위적이거나 고답적인 가정들을 …

- **도도하다**
평상시에 그렇게 고답적이고 도도하던 …

- **틀에 얽매이다**
틀에 얽매인 고답적 행태로는 …

- **획일적이다**
고답적이고 획일적인 …

- **경직되다**
너무 경직되고 고답적인 이유도 있다 …

- **관념적이다**
고답적이고 관념적인 것이 …

선생님,
제가 조장을 맡으라고요?

·············

조장하다

어떤 단어는 그 단어를 쓰는 것만으로도 글쓴이의 태도와 가치관을 드러내는 경우가 있다고 말씀드렸지요. 백 마디 설명보다 간단한 단어 하나만으로 자신의 생각을 명확히 드러낸다는 것, 멋지지 않나요? 이런 단어를 알아두면 한 편의 글 속에 숨어 있는 글쓴이의 생각이나 주제를 보다 빠르고 정확하게 파악하는 데 도움이 됩니다. 그런 힘을 지닌 단어들을 알아보도록 할게요.

사회 불신 조장하는 괴담 유포 행위 엄단해야

불법을 조장하는 병원 ⋯ 간호사도, 환자도 위험하다

✏️ 조장(助長)하다: 바람직하지 않은 일을 부추기다.

㉾ 사행심(또는 위화감, 과소비)을 조장하다.

'조장'은 도울 조助와 길 장長이 결합된 단어입니다. 그대로 해석하면 '자라도록 돕다'라는 뜻으로 풀이할 수 있습니다. 돕는 일을 의미하므로 좋은 뜻 같지만, 실제로는 부정적인 일을 더 크게 키우고 부추겨 오히려 일을 망치는 상황을 나타낼 때 쓰는 말입니다.

'도울 조(助)'가 쓰인 단어	'길 장(長)'이 쓰인 단어
협조	성장
조언	장기간
보조금	연장
조연	장편

이 말은 옛날 송나라의 고사에서 유래된 말로《맹자孟子》의 〈공손추公孫丑 상上〉에 나오는 이야기입니다. 어떤 농부가 곡식의 싹이 더디게 자라자 어떻게 하면 빨리 자랄까 궁리하다가 급기야 싹의 목을 조금씩 뽑아주었다고 합니다. 그러고는 집에 돌아와 아내에게 자랑하듯 이렇게 말했습니다.

"내가 싹이 자라는 걸 도와주고(조장助長) 왔소."

이 말을 들은 아내가 아무래도 이상해 나가보니 싹이 모두 땅 위로 뽑혀 있어 시들시들하게 말라 있었습니다. 맹자는 제자 공손추에게 호연지기浩然之氣를 키우려면 마음을 도의道義의 성장에 따라 서서히 키워나가야 한다는 점을 송나라 농부의 우화로 비유했다고 합니다.

이처럼 고사에서 '조장'이라는 단어 자체는 '도와서 힘을 북돋워 주는 것'을 이르는 말이었는데, 요즘 와서는 고사의 맥락을 따라 '옳지 못한 것을 도와주는 것'이라는 부정적인 의미로 널리 쓰이고 있습니다.

일반적으로는 어떤 일을 하도록 한다는 의미로 권장勸奬이라는 말을 많이 씁니다. 이 단어는 중립적인 맥락에서 쓰이는 단어이지요. 반면 '조장'은 바람직하지 않은 일을 더 심해지도록 부추긴다는 점에서 '사행심(요행˙을 바라는 마음)', '위화감(어울리지 않는 어색한 느낌)', '과소비(분수에 넘치게 많이 쓰는 일)' 같은 부정적 행위를 가리키는 말과 자주 결합되어 쓰인다는 점을 잘 알아두어야 합니다.

● 요행僥倖
원래는 단순히 '행복을 바라다'라는 뜻인데, 현재는 조금 더 구체적으로 '뜻밖의 행운', '우연한 행운'이라는 의미로 사용합니다. '요행을 바라지 말라.' 또는 '요행으로 성공했을 뿐이에요.'와 같이 부정적인 어감으로 쓰이는 경우가 많다는 사실도 알아두세요.

 문해력이 쑥쑥, 한 줄 요약

조장助長은 좋지 않은 것을 부추기는 것!

고사성어에 대해

이제까지 정말 많은 고사성어를 살펴보았지요. 고사성어란 '옛이야기에서 유래한 한자로 이루어진 말'입니다. 대부분 중국의 고사에서 나와 관용적으로 굳어진 표현들을 가리킵니다. 기본적으로 네 글자로 이루어진 경우가 많아서 사자성어(四字成語)라고 통용하기도 하지만 같은 말은 아니에요. 생활 속에서 자주 쓰이는 몇 가지 고사성어를 알아볼까요?

■ 조삼모사(朝三暮四)

간사한 꾀로 남을 속여 희롱함을 이르는 말. 중국 송나라 저공(狙公)의 고사로 먹이를 아침에 세 개, 저녁에 네 개씩 주겠다는 말에는 원숭이들이 적다고 화를 내더니 아침에 네 개, 저녁에 세 개씩 주겠다는 말에는 좋아했다는 데서 유래한다.

■ 읍참마속(泣斬馬謖)

큰 목적을 위해 자기가 아끼는 사람을 버림을 이르는 말.《삼국지(三國志)》의 〈마속전(馬謖傳)〉에 나오는 말로, 중국 촉나라 제갈량이 군령을 어겨 가정(街亭) 싸움에서 패한 마속을 눈물을 머금고 참형에 처했다는 데서 유래한다.

■ 어부지리(漁夫之利)

두 사람이 이해관계로 서로 싸우는 사이에 엉뚱한 사람이 애쓰지 않고 가로챈 이익을 이르는 말. 도요새가 무명조개의 속살을 먹으려고 부리를 조가비 안에 넣는 순간 무명조개가 껍데기를 꼭 다물고 부리를 안 놔 주자, 서로 다투는 틈을 타서 어부가 둘 다 잡아 이익을 얻었다는 데서 유래한다.

■ 오십보백보(五十步百步)

조금 낫고 못한 정도의 차이는 있으나 본질적으로는 차이가 없음을 이르는 말. 중국 양(梁)나라 혜왕(惠王)이 정사(政事)에 관하여 맹자에게 물었을 때, 전쟁에 패하여 어떤 자는 백 보를, 또 어떤 자는 오십 보를 도망했다면, 백 보를 물러간 사람이나 오십 보를 물러간 사람이나 도망한 것에는 양자의 차이가 없다고 대답한 데서 유래한다.

바이러스가
퍼지고 있어

·············

> 만연하다   창궐하다

● 긴밀緊密하다
팽팽할 긴緊과 빽빽할 밀密이 결합
해서 '팽팽하고 빽빽한 관계', 즉 '빈
틈이 없을 정도로 가까운 관계'를
의미합니다. 주로 전략적으로 가까
운 관계라는 것을 강조할 때는 '긴
밀하다'를, 감정적으로 가깝다는 것
을 강조하고 싶을 때는 '친밀하다'
를 쓴다는 것도 함께 알아두면 좋겠
습니다.

　　　언어는 인간의 언어생활과 긴밀하게* 연관
되어 있습니다. 철학자 마르틴 하이데거는 "언
어는 존재의 집이다. 인간은 집 속에서 산다."라
는 말로 언어와 인간의 관계성을 강조했지요.
이처럼 중요한 언어를 우리가 잘 이해하고 내
의도에 맞게 사용하는 것이 얼마나 중요한지는
더 강조할 필요가 없을지도 모릅니다.

　　　앞에서 살핀 '조장하다'처럼 사용하는 것만으로도 글쓴이의 태
도와 가치를 드러내는 단어가 또 있답니다.

　　　바로 '만연하다'와 '창궐하다'입니다. 아마 이 단어들을 접해본
사람이 있다면, 정확한 의미는 모르더라도 이미 단어에 내포된 어감
을 느낄 수 있을 거예요.

🖉 **만연(蔓延)하다**: 전염병이나 나쁜 현상 따위가 널리 퍼지다.

예 물질 만능주의가 만연하여 개선이 시급하다.

🖉 **창궐(猖獗)하다**: 전염병이나 못된 세력 따위가 걷잡을 수 없이 퍼지다.

예 임진왜란 당시 도적 떼가 창궐하여 민생은 어려움에 처했다.

도내 공사장 불법행위 무더기 적발 … 안전불감증 만연

'만연하다'는 좀 어렵게 느껴질 것 같아서 한자를 먼저 설명하겠습니다. 만蔓은 '널리 뻗다', 연延은 '퍼지다'의 의미를 지니고 있어요. 그러니까 널리 뻗고 퍼지는 것을 의미하는데, 문제는 결합하는 맥락입니다. 앞선 '조장하다'처럼 이 '만연하다'도 '전염병', '물질 만능주의', '환경 오염', '사치 풍조', '스마트폰 중독'과 같이 부정적인 현상과 결합해서 나쁜 것들이 널리 퍼진다는 맥락에만 쓰인다는 것이 중요합니다.

이와 비슷한 맥락에서 쓰이는 '창궐하다'라는 단어도 같이 알아 두면 도움이 될 거예요.

무더위 심할수록 세균병 창궐

'창궐하다'의 쓰임도 '만연하다'와 매우 비슷해서 두 단어를 같이 기억해 두면 좋습니다. 다만 '창궐하다'는 주로 전염병 부류나 못된 세력과 같이 널리 퍼질 수 있는 요소의 의미를 지닌 단어와 결합하고 있어서 좀 더 폭이 좁고, '만연하다'가 결합하는 부정적 요소들의 범주가 좀 더 넓다는 것까지 알아둔다면 더할 나위 없이 좋겠습니다.

예를 들어 '코로나-19 바이러스의 창궐로 개인위생에 대한 우려가 만연해지고 있다.'와 같이 쓸 수는 있지만, 반대로 '코로나-19 바이러스의 만연으로 개인위생에 대한 우려가 창궐하고 있다.'라고 바꿔 쓴다면 아주 어색한 문장이 되지요.

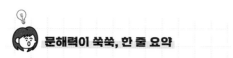

문해력이 쑥쑥, 한 줄 요약

만연하고 창궐하는 것은 다 안 좋은 것들!

질문이 있어요!
'팽배하다'도 비슷하게 쓰이지 않나요?

🔺 팽배(澎湃)하다: ① 물결이 맞부딪쳐 솟구침. ② 어떤 기세나 사조(思潮)가 맹렬한 기세로 일어남.

📄 원화 하락으로 위기감이 팽배하다. (또는) 주가 상승으로 경제에 대한 낙관론이 팽배하다.

'팽배하다'는 주로 부정적 맥락에서 쓰이는 단어이기는 하지만, 예문에서 볼 수 있듯이 '낙관론', '기대감'과 같은 긍정적 어감의 단어와도 종종 결합하는 경우가 있습니다. 따라서 확정적인 쓰임을 갖는 단어는 아닌 듯해요. 상황에 따라 맞게 쓰는 것이 중요하겠지요.

평소와 다르거나
평소와 똑같거나

....

[이례적] [의례적]

국민연금의 투자위 판단 ⋯ "이례적 아닌 의례적 절차"

발음이 비슷해서 헷갈리는 단어 '이례적'과 '의례적'을 모두 사용한 재미있는 표제입니다. 결론부터 말하자면 이례적인 것이 동시에 의례적인 것이 되기는 어려우므로 이 두 단어는 의미상 반의어에 가까운데요. 정확한 쓰임을 이해하려면 조금 더 자세한 설명이 필요합니다.

日, 지진 피해 중학생 전원 '집단 피난' 검토 ⋯ "이례적"

🖉 **이례적(異例的)**: 상례에서 벗어나 특이한 것.

📋 규모가 작은 기업에 대해 2개월이나 조사를 한다는 것은 매우 이례적이다.

먼저 '이례적'은 특정한 상태를 나타내는 말로 다를 이異, 법식·보기 예例를 써서 '일반적인 법식(보기)과 다른 것'이라는 뜻을 나타냅니다. 따라서 보통의 것과 다른 특이한 상태를 가리키는 말입니다. 예컨대 평소 조용하고 신사적인 경기 모습을 보여주던 운동선수가 어느 날 다른 팀의 선수와 몸싸움을 심하게 벌였다면 그것은 평소와 다른 이례적인 모습이 되겠지요.

한 가지 주의할 점은 이 단어가 사용되는 맥락상의 어감입니다. 이례적이라는 단어는 긍정적, 부정적, 중립적 의미에 두루 사용됩니다. '이례적 상태'라고 하면 이 자체로는 특정 맥락을 수반하지 않는 한 중립적으로 해석할 수 있지요. 즉 이렇게 '평소와 다른' 상태가 좋거나 나쁘다는 언어 사용자의 판단이 추가로 얹혀야만 비로소 분위기를 알 수 있습니다. 따라서 글의 맥락에 따라 단어에 담긴 어감을 판단하는 힘이 필요합니다. '이례적'의 정확한 의미를 파악하려면 꽤나 수준 높은 문해력이 요구되는 셈이지요.

✎ **의례적(儀禮的)**: ① 의례에 맞는 것. ② 형식이나 격식만을 갖춘 것.

㉁ ① 의례적인 결혼식. ② 태영에게 지원을 했느냐고 묻지도 않고, 어떻게 지내느냐는 의례적인 물음마저 없었다. 이병주,《지리산》

한편 '의례적'은 중심 의미와 주변 의미, 두 가지 쓰임을 보입니다. 먼저 '의례'란 '행사를 치르는 일정한 법식 또는 정해진 방식에 따라 치르는 행사나 의식'을 가리키기 때문에 여기에 '-적'이 붙어

'의례에 맞는 것'이라는 중심 의미(①)가 생겨납니다.

그런데 여기서 주의해야 할 것은 '형식이나 격식만을 갖춘 것'이라는 주변 의미(②)입니다. 일정한 의례에 맞는 것이라는 의미를 지니다 보니 의례의 형식과 격식, 즉 겉만 그럴듯하게 꾸미는 겉치레라는 의미가 부각되어 본질보다는 형식에 치중하는 것을 나타내는 의미를 갖기도 합니다.

그래서 ①의 의미에는 부정적 어감이 없지만 ②에는 약간의 부정적 의미도 내포된다는 점을 주목해 주세요. 실제로도 이 단어는 ②의 의미로 사용되는 경우가 많습니다.

> 진 구청장은 16일 오전 구청에서 열린 간부회의에서 "매년 겨울이면 진행하는 형식적이고 의례적인 안전점검 수준을 넘어서 공동주택과 요양시설의 화재·예방 관리 상태를 면밀히 점검해 안전사고를 예방해야 한다"고 강조했다.
>
> 아시아경제, 2024.1.16.

이 기사에서는 '의례적'이 앞 단어 '형식적'과 대등하게 나열되어 쓰이고 있습니다. 화재 안전점검이 형식적으로 이루어져서는 안 된다는 기사의 맥락을 고려해 볼 때 ②의 의미에 더 가깝게 해석됩니다. 그렇다면 다시 맨 앞 표제로 되돌아가서 단어의 의미를 파악해 볼까요?

국민연금의 투자위 판단 … "이례적 아닌 의례적 절차"

여기에 쓰인 '의례적'은 의미 ①, ② 가운데 어떤 의미로 해석할 수 있을까요? '국민연금의 투자위 판단'이라는 주체의 행위를 설명하는 상황에서 그것이 이례적(평소와 다른)인 것이 아니라 의례적(의례에 맞는 것)이라는 뜻으로, 부정적 어감으로 사용한 것은 아닌 듯합니다. 따라서 이 표제의 '의례적'은 ①의 의미로 쓰인 경우라고 할 수 있겠네요.

문해력이 쑥쑥, 한 줄 요약

이 두 단어는 반의어에 가깝기 때문에 '의례적'이면서 동시에 '이례적'일 수는 없어요. 언어 사용자의 의도에 따라 '이례적'인 것은 긍정적 판단과 부정적 판단 모두 내포할 수 있으며, '의례적'인 것은 주변 의미로 사용되는 경우 부정적 어감이 강해집니다.

'의례적'의 유의어

- **관례적**

전부터 해 내려오던 전례가 관습으로 굳어진 것.

- **형식적**

사물의 외부로 나타나 보이는 모양을 위주로 하는 것.

- **보편적**

모든 것에 두루 미치거나 통하는 것.

- **통상적**

특별하지 아니하고 예사로운 것.

- **통념적**

일반적으로 널리 통하는 개념.

- **일반적**

일부에 한정되지 아니하고 전체에 걸치는 것.

- **일상적**

날마다 볼 수 있는 것.

단계적 하락을
거듭하다 보면

·············

전락하다

　글을 읽다 보면 작가가 전달하고자 하는 주제나 태도가 단어 하나로 완벽하게 전해지는 경우가 있습니다. 그런 단어들이 지금 살펴보고 있는 '문해력을 완성하는' 단어들이지요. 이번에는 소설 속 한 문장을 읽어보면서 작가의 생각이 어떻게 단어 하나로 명징하게 드러나는지 살펴보겠습니다.

　양반들한테 농토를 빼앗긴 농민들은 소작인으로 전락하고 말았다.

　　　　　　　　　　　　　　　　　　　　　문순태,《타오르는 강》

　🖊 전락(轉落)하다: ① 굴러떨어지다. ② 나쁜 상태나 처지에 빠지다.
　예 ② 천덕꾸러기(애물단지)로 전락하다.

　'전락하다'도 한자를 이해하면 좀 더 쉽게 이해할 수 있는 단어입니다. '구르다'라는 의미의 전轉, '떨어지다'라는 의미의 락落으로 이루어졌습니다. 구르고, 떨어지고, 무언가 좋지 않은 방향으로 데굴데굴 굴러가는 인간의 고달픈 삶이 느껴지는 듯한 단어네요.

앞의 문장에서는 양반, 농민, 소작인의 관계가 드러나고 있습니다. 아시다시피 조선 시대는 철저한 계급 사회였습니다. 그 계급은 최상위 계층인 양반, 그래도 자기 땅을 가지고 농사를 짓는 농민, 농사를 지을 땅조차 없어 그들에게 땅을 빌려 소작료를 지불하고 농사를 짓는 소작인으로 나뉘기도 했습니다. 이 중 소작인은 보나 마나 가장 가난하고 벌이가 시원찮은 계급이었겠죠. 그래서 양반들에게 농토를 빼앗긴 농민들이 소작인이 되어 더욱 가난에 취약한 계급이 되어버리는, 즉 원래의 상태보다 더 낮은 상태로 떨어지는 현상을 서술하고 있는 문장입니다.

이러한 상황에 대한 작가의 비판적 태도와 부정적 가치관을 드러내는 단어가 바로 전락轉落이라는 단어입니다. 작가는 짧은 이 단어 하나로 농민들이 소작인이 되어버리는 세태에 대한 부정적 시각을 보여줍니다. 단어 하나가 어떻게 그걸 다 드러내냐고요? 그렇다면 앞의 문장을 다음과 같이 바꿔보고 그 어감을 비교해 볼까요?

양반들한테 농토를 빼앗긴 농민들은 소작인이 되고 말았다.

어떤가요? 전달력이 훨씬 떨어지면서 작가의 의도가 좀 더 퇴색˙되는 느낌을 받을 수 있을 겁니다. 우리의 생각을 짧지만 강력하고 분명하게 전달해 주는 단어의 힘, 대단하지 않나요? '전락하다'와 비교할 수 있는 단어를 한 가지 더 들어볼게요. 바로 '몰락하다'와의 의미 차이를 생각해 보려고 합니다.

✐ 몰락(沒落)하다: ① 재물이나 세력 따위가 쇠하여 보잘것없어지다.

② 멸망하여 모조리 없어지다.

㉖ 몰락한 귀족. 집안이 몰락하다.

'전락하다'가 현 상태에서 더 안 좋은 상태로 내려가는 것을 의미한다면, '몰락하다'는 아예 망가진 상태가 되어버리는 것을 의미합니다. 전락하기를 거듭하다 보면 몰락할 수 있겠지요. 단어를 공부할 때는 이렇게 유의어의 의미 차이를 대조적으로 이해해서 각 단어의 쓰임새를 정확히 파악하는 것이 중요합니다.

● 퇴색退色
물러날 퇴退 또는 색 바랠 퇴褪에 빛 색色을 쓰는 '퇴색'은 원래 빛이나 색이 처음의 선명함을 잃고 바래는 것을 나타내는 말이었습니다. 그러다가 '낡거나 몰락하여 존재감이 희미해지고 볼품없어짐'까지 그 의미가 확장되었지요.

문해력이 쑥쑥, 한 줄 요약

전락하는 것은 데굴데굴 구르고 떨어지는 슬픈 신세!

'전락하다'와 결합하는
다양한 부정적 단어들을 살펴볼까요?

- 순수한 청년이었던 그가 사기꾼으로 **전락**했다는 사실이 가슴 아프다.

- 민족적 이상이 없는 민족은 강대국의 **속국**으로 **전락**할 수밖에 없다.

- 기계 문명에만 의지하면 인간은 언젠가 기계의 **노예**로 **전락**하게 될 것이다.

맥락을 몰라도
분위기를 알 수 있다!

....

초래하다   야기하다

이 글을 읽는 여러분! 국어 시험이라고 하면 생각만 해도 한숨이 나오지 않나요? 국어를 좋아하는 사람도, 국어를 어려워하는 사람도 시험은 웬만하면 피하고 싶을 겁니다. 저도 학창 시절에 국어 시험 때는 유난히 긴장감 백배, 부담 백배였기에 그 심정을 충분히 이해하고 공감합니다.

특히 처음 보는 글을 읽고 이해해야 하는 대학수학능력시험이라면 학생들의 부담감과 어려움이 더욱 가중˙되지요. 그럴수록 평소의 어휘력은 빛을 발할 수 있어요. 다음 문장은 한 시험에 출제된 글에 등장하는 문장입니다.

● 가중加重
더할 가加에 무게 중重을 쓰는 '가중'은 한자의 의미 그대로 '무게가 더해지다'라는 뜻입니다. 긍정적인 맥락으로는 쓰지 않고 부담, 고통, 죄와 같이 부정적인 상태의 정도가 더욱 심해질 때 사용하지요. 같은 죄를 여러 번 저지르면 가중 처벌된다고 하죠?

그러나 이와 같은 입장은 산업적 이익을 우선시하여 개인 정보 보호에 관한 개인의 기본권을 등한시하는 결과를 초래할 수 있다.

2019년 3월 고3 수능 모의고사 지문

🖋 **초래(招來)하다**: ① **어떤 결과를 가져오게 하다.** ② **불러오다.**
📋 ① 불행을 초래하다. 만성적인 자금난을 초래하다.

앞에서 우리는 단어 하나로도 글쓴이의 의도나 태도, 더 나아가 주제 의식까지 파악할 수 있다는 사실을 배웠습니다. 따라서 이 문장이 포함된 전체 글을 읽지 않더라도 우리는 글쓴이가 '개인 정보 보호에 관한 개인의 기본권'을 경시하는 입장을 매우 부정적이고 비판적으로 바라본다는 사실을 알 수 있어요. 그건 바로 '등한시'나 '초래하다'와 같은 단어 때문입니다.

'초래하다'는 어떤 행동이나 사건이 다른 결과로 이어질 때 사용하는 말로, 단어 자체에서는 부정적 어감을 느낄 수 없습니다. 그러나 단어와 결합하는 예문의 맥락들, 즉 불행이나 자금난과 같은 단어들을 살펴보면 '아, 이 단어도 글쓴이의 태도를 드러내는군.' 하고 무릎을 탁! 칠 거예요. 이처럼 단어는 앞뒤 맥락까지 통제하는 힘을 발휘하기도 합니다.

여기까지 잘 이해하신 여러분을 위해 제가 또 하나의 어휘력 필살기를 알려드릴게요. 바로 '야기하다'입니다.

✎ 야기(惹起)하다: 일이나 사건 등을 끌어 일으키다.

예 중대 사건을 야기하다. 혼란이 야기되다.

어때요? '초래하다'와 '야기하다', 정말 비슷한 맥락으로 읽히지 않나요? 이 두 단어는 뜻과 사용 맥락이 아주 비슷해서 두 단어를 모두 알아두고 번갈아 사용한다면 어휘력 좀 발휘할 줄 아는 멋진 문해력 최강자가 될 수 있을 겁니다!

단어를 이해하는 것만으로 한 편의 글이 어떻게 마법처럼 연결되는지 이제 확실히 느껴지시나요? 작은 것부터 찬찬히 이해해 나가 봅시다. 어휘력이 곧 문해력인 이유입니다.

문해력이 쑥쑥, 한 줄 요약

무언가를 초래하고 야기하는 소란한 사회에서는 살아가기가 쉽지만은 않지요.

신문 기사의 표제들을 읽으며 단어의 어감 익혀보기

- 극한 기후, 천문학적 피해 초래 … 157조 원 손실 '경고'

- 신체 불균형 방치하면 만성적인 통증 초래 … 교정 및 예방법은?

- 울주군의회, 행감서 주민 불편 야기하는 도로행정 지적

- 10명 중 8명 별 보기 어렵다 … 광공해(光公害), 사회 불평등까지 야기

핑계에 대한
통렬한 지적

············

빙자하다

훈육 빙자 원생 때린 어린이집 교사 항소심서 가중처벌

장난 빙자한 흉악범죄 예고글 엄연히 범죄

'코로나19 방역소독' 빙자한 보이스피싱 활개

이번에도 역시 결코 긍정적 의미로는 쓰이지 않는 단어인 '빙자
하다'를 알아보겠습니다.

✏ 빙자(憑藉)하다: ① 남의 힘을 빌려서 의지하다. ② 말막음을 위하여
핑계로 내세우다.

📖 ② 자기는 의사가 아니라 의술을 빙자한 상인에 불과하다고 겸손해하
면서 김상태에겐 훌륭한 의사가 되어야 한다는 충고를 아끼지 않았다.

이병주,《지리산》

'빙자하다'는 기댈 빙憑에 깔개 자藉를 쓰고 있습니다. 여기에서 ①의 의미가 파생되었습니다. 그런데 '빙자하다'의 두 가지 의미 중 좀 더 보편적으로 자주 쓰이는 것은 ②번 의미입니다.

'기댈 빙(憑)'이 쓰인 단어들
신빙성
빙의
증빙

어떤 것을 말이나 행위의 핑계로 내세우는 것을 '빙자하다'라고 하기 때문에 이 말 앞에는 행위의 원인이 되는 단어가 나옵니다. 앞에 나온 신문 기사의 표제로 풀어 보면 '훈육을 핑계로', '장난을 핑계로 하여', '코로나 19 방역 소독을 핑계로 내세워' 등의 의미가 되지요. 즉 겉으로 내세우는 이유를 가리키는 표현이기 때문에 '핑계(로)', '명목名目(으로)', '명분名分(으로)' 등의 부정적 어감의 명사 표현 또는 '구실(로)', '이유(로)' 같은 중립적 어감의 명사 표현들과 유사하게 쓰일 수 있습니다.

쉽지 않은 한자로 만들어진 단어이다 보니 1993년 〈행정용어 순화 편람〉에서는 될 수 있으면 '빙자' 대신 순화한 용어 '핑계'를 쓰라고 되어 있습니다. 문해력 공부의 차원에서는 두 단어를 모두 다 익히되, 상황 맥락에 맞도록 적절하게 사용할 것을 권장합니다.

한 가지 더 공부하고 넘어갑시다. 우리말에는 일부 단어 뒤에 붙어 수많은 동사와 형용사를 파생하는 접미사 '-하다'가 있습니다. 오지랖˙이 아주 넓고 친화력이 좋은 접미사라고 할까요? 이 '-하다'가 붙어 단어가 만들어지는 다양한 사례를 살펴보겠습니다.

(일부 명사 뒤에 붙어) 동사를 만드는 경우	(일부 명사 뒤에 붙어) 형용사를 만드는 경우	(의성·의태어 뒤에 붙어) 동사나 형용사를 만드는 경우	(의성·의태어 이외의 일부 부사 뒤에 붙어) 동사나 형용사를 만드는 경우
공부하다	건강하다	덜컹덜컹하다	달리하다
생각하다	순수하다	반짝반짝하다	돌연하다
사랑하다	정직하다	소곤소곤하다	빨리하다

　　그 밖에도 몇몇 어근 뒤에 붙어 '흥하다', '망하다', '착하다' 같은 단어를 만들거나, 몇몇 의존 명사 뒤에 붙어 '체하다', '척하다', '뻔하다' 등을 만듭니다. 최근에는 다양한 외국어와도 결합해서 무척 활발하게 파생되고 있는데 이에 대해서는 논란이 있기도 해요.

● 오지랖
'오지랖'은 원래 '윗옷의 앞자락'을 뜻하는 순우리말입니다. 그러니 '오지랖이 넓다'라고 하면 곧 '옷의 앞자락이 옷을 다 덮을 정도로 넓다'라는 뜻이 됩니다. 이 모습이 꼭 나설 필요가 없는 일에 괜히 나서서 간섭하는 모양새와 닮아 지금의 의미로까지 확장된 것으로 보입니다.

　　페미닌한 무드로 연출할 수 있는 리버시블 자켓이에요. 아더 컬러도 있으니 취향에 맞게 초이스해 주세요.

충청신문, 2023.9.6. 〈뜻 모를 외래어의 범람〉

어떤 사람은 '차지하다'의 오타로 알고 있는 '차치하다'는 잠깐 차且에 둘 치置를 써서 '잠깐 두다'라는 뜻을 가지고 있습니다. 즉 '내버려 두고 문제 삼지 않는다'라는 의미이지요. '다른 건 차치하더라도 이것만은 양보할 수 없다'라는 식으로 사용합니다.

신문 기사도 이러한 현실을 짚고 있습니다. 페미닌(feminine), 초이스(choice)라는 영어 단어에 '-하다'가 붙어 만들어진 단어를 활용한 문장입니다.

기사에 의하면 사람들이 외국어 표현을 선호하는 이유는 의미 전달이 확실해서라고 하지만, 이 경우는 '여성스러운', '선택하다'로도 충분히 소통이 되는 상황으로 보이기에 그리 좋아 보이지는 않습니다. 이외에도 많이 볼 수 있는 '엘레강스하다', '스펙터클하다', '뷰티풀하다', '버라이어티하다' 등의 표현이 우리에게 익숙하게 들리는 것을 보면 국어 파괴 논란은 차치하고라도 '-하다' 접미사의 생산성에는 끝이 없어 보입니다.

문해력이 쑥쑥, 한 줄 요약

'빙자하다'는 '핑계로 하다'의 의미, 긍정적 의미로는 안 쓰입니다.
'-하다'의 친화력도 기억해 두세요!

'-하다'를 붙이면 안 되는 말

많은 사람이 '-하다'를 붙여서 잘못 쓰는 대표적인 단어로 '삼가다'가 있습니다.

🪶 삼가다: ① 몸가짐이나 언행을 조심하다. ② 꺼리는 마음으로 양(量)이나 횟수가 지나치지 아니하도록 하다.

그런데 비슷한 의미를 가진 '꺼리다'의 경우는 조금 다릅니다. '삼가하다'는 '삼가다'의 잘못된 표현이지만, '꺼려하다'는 '꺼리다'의 잘못된 표현이 아니기 때문입니다.

… '꺼리다'는 '사물이나 일 따위가 자신에게 해가 될까 하여 피하거나 싫어하다/개운치 않거나 언짢은 데가 있어 마음에 걸리다'의 의미인데, 문장 전체에서 나타내고자 하는 의미를 이러한 '꺼리다'의 의미만으로 충분히 표현할 수 있다면 '꺼리다'를 쓰는 것이 적절하겠습니다. 다만 그러한 상태나 태도를 드러내는 상황이라면, '앞말이 뜻하는 대상에 대한 상태나 태도를 드러냄을 나타내는 말'인 '하다'를 붙여 '꺼려 하다'처럼 쓸 수도 있습니다. 추가로 이 경우 '하다'는 보조 동사에 해당하는데, 그 앞의 '꺼리다'가 동사이므로 위와 같이 띄어 씀이 원칙이되 붙여 씀이 허용됩니다.

2023. 4. 12. 국립국어원 온라인 가나다

즉 '꺼려 하다'의 형태로 쓸 수 있으나 이것은 파생 접미사가 붙어 만들어진 한 단어가 아니라, 보조 동사 '하다'가 결합해 '본동사(꺼리다) + 보조 동사(하다)'의 형태인 두 단어로 쓸 수 있다는 것입니다.

남의 차
얻어 타기

....

편승하다

목적지를 향해 갈 때 다른 사람의 차편을 얻어 타고 간다면 얼마나 편할까요? 피곤하게 운전하지 않아도 되고 기름값도 아낄 수 있습니다. 하지만 상호 간의 양해가 이루어지지 않은 상태에서 한쪽이 일방적으로 상대를 이용하여 자신의 이익을 추구한다면 좋게만 볼 수 없겠죠. '편승하다'가 이런 의미와 관련된 단어입니다. 단어 자체에 부정적 의미가 있어서 특별한 어감을 나타내며, 대상에 대한 태도를 분명히 전할 수 있는 단어에 해당합니다.

✎ 편승(便乘)하다: ① 남이 타고 가는 차편을 얻어 타다. ② 세태나 남의 세력을 이용하여 자신의 이익을 거두다.

㉠ ① 운전수는 … 지나가는 차에 편승하여 연장이나 부속품을 구하러 갔는지도 모른다. 오정희,《미명》 ② 시류에 편승하다.

'편승하다'는 대체로 두 가지 의미로 사용되는데 더욱 유용하게 쓰일 수 있는 의미는 ②입니다. ①이 점차 비유적으로 확대되어 쓰이면서 ②로 더욱 빈번히 사용되고 있기 때문이지요.

'편할 편(便)'이 쓰인 단어들	'탈 승(乘)'이 쓰인 단어들
편의점	승객
불편	승용차
편법	탑승
방편	승차

원래는 그저 남의 차편을 얻어 타고 간다는 의미로만 쓰였지만, 자신의 노력 없이 타인의 수단을 얻어 탄다는 행동으로 인해 ②와 같이 세태나 남의 세력을 이용해서 자신의 이익을 거둔다는 부정적 어감을 함의하게 되었습니다. 실제로 이 단어가 글에서는 어떻게 쓰이고 있는지 살펴볼까요?

(가) 근대 인류가 자본주의에 편승하여 이전의 삶과는 다른 자유를 누리려다가 도리어 인간 소외라는 공포스러운 불행을 덮어쓰게 된 것이다. 한국공보뉴스, 2023.9.19.

(나) 유행과 성공 방정식에 편승한 이런 모방 제품들은 딱히 법으로 제재할 방법이 없습니다. 조선비즈, 2023.9.20.

(가)는 '편승'이 '자본주의'와 함께 쓰이면서 '인간 소외'라는 부정적 결과를 가져왔음을 이야기하고자 하는 맥락에서 사용되었습니다. (나)도 '편승'이 '유행과 성공 방정식'에 따라 '모방 제품'을 만들어 낸 결과를 지적하기 위해 사용되었고요. '편승'의 사용 맥락이 대체로 어떠한지 감이 잡히시나요?

한편, '남의 것을 얻어 탄다'라는 의미로 인해 이 단어는 특정 학문 분야에서도 등장하는 개념이 되었습니다. 생명과학에서는 기생충이 다른 숙주에 붙어 이동하는 현상을 설명하는 단어로 편승을 사용합니다. 경제학에는 편승 효과便乘效果라는 개념이 있습니다. 미국의 경제학자 하비 라이벤스타인이 발표한 이 이론은 자신의 의견보다 대중적으로 유행하는 것이나 다수의 심리를 따르는 현상을 가리키며 유행에 따라 상품을 구입하는 소비 현상을 뜻하는 용어로 사용됩니다. 이를 밴드왜건 효과(bandwagon effect)라고도 하는데, 미국 서부 개척 시대의 역마차 밴드왜건이 금광을 발견했다는 소문이 나면 요란한 음악을 연주해 사람들을 이끌고 갔다는 것에서 유래했다고 하네요. '친구 따라 강남 간다'라는 우리 속담이 생각나기도 합니다.

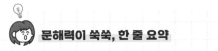

문해력이 쑥쑥, 한 줄 요약

편승은 내 노력 없이 남의 도움을 받는 것!

'편승하다'의 개념을
다른 언어로는 어떻게 표현할까요?

'밴드왜건 효과'를 보면 '자신의 노력이나 의지 없이 다른 것에 기대어 움직임'을 표현하고자 하는 사고방식이 동서양 모두에 존재하는 것 같은데요.

영어로는 'jump on board', 'get a lift'라고 합니다. 'jump'나 'lift'를 보니 서양에서도 우리말 한자에 '탈 승(乘)'이 포함된 것과 비슷한 사고를 했음을 엿볼 수 있네요.

찾아보기

읽자마자 문해력 천재가 되는 우리말 어휘 사전

1판 1쇄 펴낸 날 2024년 5월 10일

지은이 박혜경
주간 안채원
책임편집 윤성하
편집 윤대호, 채선희, 장서진
디자인 김수인, 이예은
마케팅 함정윤, 김희진

펴낸이 박윤태
펴낸곳 보누스
등록 2001년 8월 17일 제313-2002-179호
주소 서울시 마포구 동교로12안길 31 보누스 4층
전화 02-333-3114
팩스 02-3143-3254
이메일 bonus@bonusbook.co.kr

ISBN 978-89-6494-691-6 03700

• 책값은 뒤표지에 있습니다.

▌읽자마자 시리즈

읽자마자
수학 과학에 써먹는
단위 기호 사전
이토 유키오·
산가와 하루미 지음
208면

읽자마자
IT 전문가가 되는
네트워크 교과서
아티클 19 지음
176면

읽자마자
원리와 공식이 보이는
수학 기호 사전
구로기 데쓰노리 지음
312면

읽자마자
과학의 역사가 보이는
원소 어원 사전
김성수 지음
224면

지식이 터진다!

▌포텐 시리즈

이런 수학이라면
포기하지 않을 텐데
신인선 지음
256면

이런 물리라면
포기하지 않을 텐데
이광조 지음
312면

이런 철학이라면
방황하지 않을 텐데
서정욱 지음
304면

이런 화학이라면
포기하지 않을 텐데
김소환 지음
280면